戸田智弘
Tomohiro Toda

# 15歳の人生攻略本

## 大人になる前に知っておきたい80の名言



幻冬舎

# はじめに

ゲームに攻略法があるように人生にも攻略法があります。そしてその攻略法を知っているか知らないかは、その後の人生に大きな違いを生み出します。

近年、「人生というゲーム」のルールがどんどん変わってきています。かつての日本には「良い学校に入る→大きな会社に入る→その会社で定年まで働き続ける」とか、「異性と結婚して専業主婦になる」という「標準コース」が存在していました。こういう「標準コース」に乗っかること、そしてそこから脱落しないことが「人生の攻略法」でした。しかし、こういう「標準コース」はすでに崩れてしまっています。人間の寿命が延《の》びていること、終身雇用《こよう》制度（正社員を定年まで雇用し続ける制度）が崩壊しつつあること、科学技術の進展により従来のホワイトカラー職（会社での事務職や中間管理職）が急速に減少していること、価値観（人生で何を大事だと考えるか）が多様化していること――などがその理由です。「標準コース」が崩れてしまったのにそれに乗っかろうと努力してもうまくいきません。

では「標準コース」が崩壊した後の「人生の攻略法」はどんなものになるのでしょう?

それは「自分に合ったコース」を探索《たんさく》していくことです。「自分に合ったコース」を選ぶとは「自分らしい生き方」を選ぶことです。「自分らしい生き方」を選ぶ時に最も重要な要素は「自分らしい働き方」を選ぶこと、「自分に合った職業」を選ぶことです。

私はこの本を一五歳《さい》の君に向けて書いています。詳しくは本文を読んでもらうとして、私がみんなに伝えたいことのエッセンスを三つだけ書いておきます。どれもこれも「標準コース」が崩壊した今、「自分らしい生き方」あるいは「自分らしい働き方」を探索していく際の基本的な心構えです。

一つ目はわがままに生きようということです。わがままには「自分勝手、自己中心的」という意味（悪いわがまま）と「自分の思うとおり、自分の考えるとおりに」という意味（良いわがまま）があります。もちろんみんなで何かを決める時、公共の場で振る舞う時に悪いわがままは抑制《よくせい》するべきでしょう。しかし、自分の生き方や職業を決める時は良いわがままを貫《つらぬ》くべきです。自分を押し殺して周りの人の言うとおりに生きる「いい子」、何も考えずに「標準コース」に乗っかろうとする「いい子」になる必要はありません。どういう道を選ぼうとも、生きていくのはけっこう大変です。わがままに生きても、「いい子」として生きても人生は大変だってことです。どっちにせよ大変なんだから、わがままに生きて大変な方が良いに決まっています。

二つ目は学校の勉強はほどほどでいいから、自分が興味を持てることや好きなことに関する勉強を一生懸命にしようってことです。すべての科目で最高評価を目指す必要はなくて、成績はでこぼこでかまわないと思います。ただし、勉強の総量を減らしてはいけません。私が言いたいのは「させられる」の勉強はほどほどにして、そこで浮いた時間を「してみよう」の勉強に振り向けましょうってことです。学習教材は世の中にあふれています。

三つ目は一八歳以降の進路は柔軟に考えようということです。「もしもいま私が一五歳だったらどういう人生設計をするだろうか？」について空想をすることがたまにあります。その内容を以下に書いてみます。

高校を卒業したらすぐに大学へ進学せず、複数の会社で二年間働きます。目的は自分のテーマを探すこと、仕事の現場を観察すること、お金を貯めることです。そして二〇歳で自分のテーマに合致《がっち》した大学に進みます。四年で大学生活を終えるのはもったいないので、途中で休学して一年間海外留学します。結局のところ三年遅れの二五歳で大学を卒業して就職することになります。社会人になった後は、数年おきに会社を変わって三五歳までに自分に適した職業を見つけます。この間に大学院で勉強するかもしれません。どちらにせよ、三五歳をめどに自分に向いている職業、自分に向いている働き方

（会社員？　起業家？　フリーランス？）、自分が生活していく国や地域などについてじっくりと考え、八五歳まで活き活きと働き続けられそうな道を見つけます。

以上の三つに共通するのは世間の常識や当たり前を疑ってみた上で、「自分らしい生き方」や「自分にしかできない生き方」をしようという構えです。

この本の中には「そもそも論」がたくさん出てきます。「そもそも論」とは根本的な問いや基本的な問いに立ち返り、それについて深く考えて結論を導き出すことです。「そもそも論」をおおよそ理解した上で「人生の攻略法」を考えてみてください。その方が、表面的ではなく根本的な「人生の攻略法」、一時しのぎではなく恒久的な（長期間にわたって有効な）「人生の攻略法」になるはずです。

本の中にはかなり難しいことも書いてあるので、文章を読んでもよく分からないところがあるかもしれません。でも、気にする必要はありません。自分にとって少しだけ難しい本が自分にとっての良い本なのです。

自分の未来を変えられるのは自分だけです。できるだけ嫌なこと、辛いことはしたくないと思いつつも、幸せな人生、面白い人生、自分らしい人生、有意義な人生を送りたい――そう思っている人たちに本書が少しでも役に立てば幸いです。

15歳の人生攻略本

# 目次

## 3章 一番大事な科目は「数学」！

## 4章 教科書以外の〝本〟を読もう 72



## 5章 学校の外での過ごし方 104

# 6章

## 「自分の将来」について考えてみよう

装丁　トサカデザイン（戸倉 巌、小酒保子）
イラスト　サトウ リョウタロウ
ＤＴＰ　株式会社三協美術
取材協力　盛田 淳

〔1章〕

# なぜ私たちは学ぶのだろう？

ゲームを攻略するには、そのルールと基本操作、ストーリー、ステージごとの攻略方法、アイテムや敵キャラクターに関する情報、裏技や小技などを理解する必要があります。「人生というゲーム」を攻略するのも同じで、様々なことを頭の中に入れておく必要があります。つまり「人生というゲーム」を楽しむためには学ぶこと、勉強することが欠かせないということです。

さて、みんなにとっては「学ぶ」という言葉よりも「勉強する」という言葉の方が馴染みがあるかもしれません。「学ぶ」と「勉強する」は何がどう違うのでしょうか。「勉強」を漢文読みすると「勉《つと》め強《し》いる」となります。つまり「たとえ気が進まないことであっても仕方なくする」というような意味です。それに対して「学ぶ」は学習者が能動的に取り組むという意味で使われます。このように自発性があるかどうか――自分で進んでやるか、そうでないか――によって「学ぶ」と「勉強する」は使い分けられています。そういう細かいことはさておき、1章ではそもそも「なぜ私たちは学ぶのだろう？」というテーマについて考えていきます。「そもそも」というのは「原点に立ち返って、基本的なところに戻って」という意味です。

## 学ぶ理由① 人は本来「学びたがり屋」だから

すべての人間は、生まれつき、知ることを欲する。

哲学者《てつがくしゃ》 アリストテレス
『アリストテレス 形而上学《けいじじょうがく》(上)』出隆《いでたかし》・訳(岩波文庫)

この名言が意味するのは、**人間はみんな生まれつき「知りたがり屋」**だということです。みんなもスマホやパソコンで分からないことを調べることがよくあると思います。なんで調べるのでしょうか？ 知りたいからですよね。どうして知りたいのでしょうか？ もちろんそれを知ると役に立つからとか、得するとか、そういう理由もあるのでしょうが、必ずしもそういうことだけではないはずです。**役立つとか、得するとかとは関係なくシンプルに「知りたい！」から調べる**のです。要するに人間は「知りたがり屋」なのです。

どんな子どもでも二歳《さい》か三歳ぐらいになると「自分が疑問に思ったこと」を親に聞くようになります。もちろん誰《だれ》も自分がそういう年頃《としごろ》のことを覚えてはいないけど、ほとんどの子どもはみんなそうです。

「なぜ雨が降るの？」「なぜ空は青いの？」「なぜ星は落ちてこないの？」「ゾウさんの鼻はなぜ長いの？」「鳥はなぜ空を飛べるの？」「死んだらどうなるの？」「宇宙はどこまで広がっているの？」などの疑問を次々に親にぶつけていきます。こんなことを次々に言われても普通《ふつう》の親は対応できません。

さて、こういう疑問は、子どもたちが自分の生きているこの世界について知りたい、理解したいという欲求を示しています。「知りたい」「理解したい」という言葉は「学びたい」と言い換《か》えてもいいでしょう。「学びたい」という欲求を持っているということは、学ぶことが好き、学ぶことが楽しい、学ぶことが面白い、ということです。**人間は基本的に「学びたがり屋」**なのです。

## 学ぶ理由② 「働く力」を身につけるため

いいかい 優しいだけじゃ人は救えないんだ!!!
人の命を救いたきゃそれなりの知識と医術を身につけな!!!
腕がなけりゃ 誰《だれ》一人救えないいんだよ!!!!

Dr.くれは
マンガ『ONE PIECE』(尾田栄一郎《おだえいいちろう》・集英社)

学ぶ理由の二つ目は**「働く力」を身につけるため**です。二十一世紀に生きている私たちは、〝社会的分業〟の輪の中で生きています。社会的分業とは、社会全体の仕事がいろんな領域に細かく分けられ、一人ひとりはそういう細かく分かれた仕事の一つを受け持つということです。何らかの仕事を受け持つにはその仕事をするために必要な力を身につけなくてはならず、そのためには学ばなければなりません。

「自分はこういう仕事に就いて、社会で活躍《かつやく》したい、困っている人の役に立ちたい」と思ったとします。しかし、「やりたい」(=興味がある)と「できる」(=能力がある)は別のことです。**「やりたい」のなら「できる」ようになる必要があり、そのためにはしっか**

**りと学び、自分が成長していく必要があります**。

「働く力」は二つに分けられます。一つは**知識や技能**です。知識とは、ある範囲《はんい》の事柄《ことがら》について知っていることやその内容、技能とは実際にあることを手がけて成し遂《と》げる腕《うで》前《まえ》のことです。

もう一つは、**他者との関係能力**です。これは、基本的なルールを守り、他者と協力しながら、自分の責任を果たしていける能力をさします。どんな仕事であれ、ひとりで完結する仕事はありません。最も分かりやすいのがお客様や同僚《どうりょう》との関係です。

## 学ぶ理由③　自由になるため、自立するため

人間長い間生きてりゃいろんなことにぶつかるだろう。な、そんな時、おれみてえに勉強していないやつは、この振《ふ》ったサイコロで出た目で決めるとか、その時の気分で決めるよりしょうがない。な、ところが、勉強した奴は、自分の頭できちんと筋道を立てて、はて、こういう時はどうしたらいいかな、と考えることができるんだ。だから、みんな大学行くんじゃねえか。

映画『男はつらいよ　寅次郎《とらじろう》サラダ記念日』（１９８８年）監督：山田洋次《やまだようじ》　脚本：山田洋次、朝間義隆《あさまよしたか》

みんなはきっと、映画『男はつらいよ　寅次郎サラダ記念日』とか、寅《とら》さんとか言われても、ピンとこないでしょう。「何、それ？」だと思うので簡単に説明します。

『男はつらいよ』は、山田洋次原作・監督、渥美清《あつみきよし》主演の映画シリーズです。全国を旅しながら、テキ屋稼業《かぎょう》（縁日《えんにち》や盛り場などで物を売る業者）をする「フーテンの寅」こと車《くるま》寅次郎が主人公で、その彼《かれ》がときおり故郷の柴又《しばまた》に戻ってきては、何かと大騒動《おおそうどう》を起こす人情喜劇です。

さて、ここで取り上げた言葉が、映画のどんな場面で登場したのかを説明しましょう。

大学受験に失敗して浪人《ろうにん》中の満男《みつお》（吉岡秀隆《よしおかひでたか》）とそのおじさんにあたる寅さんが話をしています。満男は寅さんに「大学へ行くのは何のためかなあ」と聞きます。すると寅さんは「決まっているでしょう。勉強するためです」と答えます。満男は「じゃあ、何のために勉強するのかなあ」と質問を続け、それに対する答えが「人間長い間生きてりゃいろんなことに……」という言葉です。**勉強するのは〈物事を自分の頭できちんと筋道を立てて考えることが出来るようになるため〉**というのが寅さんの考えです。

ちなみに寅さんは一六歳の時に商業高校を中退、それ以降はテキ屋稼業を生業《なりわい》としてきましたから、高等教育を受けていません。

**人間は人生のいろんな場面で「どれを選ぶか」を決めなければいけません**。難しい言葉を使うと、「意思決定を迫《せま》られる」のです。意思とは自分の思いや考え、希望のこと、意思決定とは「自分は何をするか」や「自分はどうするか」を決めることです。

意思決定のスタイルは以下の四つに分けられます。

**①　自分の頭で論理的に考えて決めるスタイル**。寅さんの言葉の「自分の頭できちんと筋道を立てて考える」に対応しています。

**②**　①のようにできないので、**適当に決めるスタイル**。寅さんの言葉の「振ったサイコロの目で決める」とか、「その時の気分で決める」に対応します。

**③　決定を先延ばしするスタイル**。①のようには決められない、かといって②のように決めるのも気が進まない――仕方なく決定を先送りするスタイルです。

**④　他人に決めてもらったことに従うスタイル**。自分では決められないから、親や先生に決めてもらって自分はそれに従うスタイルです。

ここまで、学ぶことによって人は「物事を自分の頭で筋道を立てて考えられるようになる」ということを書いてきました。では、「物事を自分の頭で考えられる人」と「物事を自分の頭で考えられない人」のどちらの方がより自由だと言えるでしょうか？　言うまでもなく、「物事を自分の頭で考えられる人」の方が自由ですね。なぜならば、自分で考え、その考えに基づいて行動できる状態は自由だからです。逆に、「物事を自分の頭で考えられない人」は他人の考えに従うことになり、他人の考えに基づいて自分が行動するしかない状態は不自由です。

まとめると、人は学ぶことによって自分の頭で考えることができるようになり、それによってより自由な状態になれるということです。つまり、なぜ学ぶのかの一つの答えは「自由になるため」です。

さて、みんなにとって学ぶことは当面、学校で勉強することです。そして、きっとみんなにとって勉強というのは「自分の自由を奪《うば》うもの」だと思えるでしょう。なぜならば、勉強というのは、自分の欲望——たとえば「家でずっと寝ていたい」「ひとりでゲームをしていたい」「友達と遊びたい」という欲望——を妨《さまた》げるものだからです。そう考えると「自由になるために学ぶ」なんて何だかおかしく感じるかもしれません。

**私たちは「自由」という言葉を二つの意味で使います**。一つは長い時間、ある場所に閉じこめられているような状態から、やっとのことで解放された時に感じる自由です。肉体的な意味での自由と言えます。

もう一つは精神的な意味での自由です。自分が属する集団のノリに不本意ながら付き合うような状態、大人や先生の押《お》しつけに嫌々《いやいや》ながら従うような状態——そういう状態から脱《だっ》することができて**「ありのままの自分でいられる」状況の中で感じられる自由**です。

私たち人間は一人で生きているのではなく、常に何らかの集団の一員として生きています。代表的なのが家族や学校ですね。家族や学校という集団は自分を守ってくれるものであると同時に、絶えず自分に圧をかけてくるものでもあります。たとえば、学校や両親の押しつけ、友達からのノリの強要です。私たちはそういう押しつけやノリに対して「なんか嫌だなあ」とか、「なんか違うなあ」と思いつつも、「どうして嫌なのか、何がどう違うのか」が自分で上手に説明できないので「まあ、いつか……」とつぶやきつつ、嫌々ながら押しつけやノリに従うことになりがちです。

**学ぶことによって、自分の感情、思い、考え方を自分の言葉で表現できるようになった時**――「自分らしさ」を隠《かく》すことなく表現できるレベルまで成長できた時――**周りの押しつけやノリから自由になれる**のです。

自由と関係深い言葉として、「自立」という言葉があります。自由とは自分の意思で選択し行動できる能力のこと、**自立とは他者に依存せずに自分の力で生活や判断ができること**をさします。この二つの言葉は、個人の成長や幸福を考える上で非常に重要です。一般的《いっぱんてき》に自立は以下の四つに分けられます。

**身辺的自立**：料理や洗濯、掃除など、自分の身の回りのことが一人でできること
**精神的自立**：自分のアイデンティティ（「自分は何者か」という考え）を確立して精神的に他人に依存しないで人生を送れること
**経済的自立**：自分の生活に必要な費用を自分で稼《かせ》ぎ出せること
**社会的自立**：自分の所属する集団に個人として適応し、他人との人間関係をしっかりと作《つく》れること

ここまでをまとめましょう。**学ぶ理由は自立するためであり、それは自由になることでもあります**。

さて、学校で「Aという言葉の反対語はなんですか」というような勉強をしたことがありますよね。では、自立の反対語はなんでしょうか？　教科書的には自立の反対語は依存です。しかし、本当にそうでしょうか。右のページで私は「自立とは他者に依存せずに自分の力で生活や判断ができること」と書きました。しかしながら、そもそも誰にも依存せずに生きている人なんて地球上にいるのでしょうか。人間という生きものは自

分以外の人や物に依存して生きているのではないでしょうか。

脳性麻痺《のうせいまひ》という障害がありながら小児科医として活躍する熊谷晋一郎《くまがやしんいちろう》は「自立とは依存先を増やすこと」（『つながりの作法』ＮＨＫ出版　生活人新書）だと言います。**自立とは単に他者に依存しないことではなく、むしろ多くの依存先を持つことだという意味です**。私もその通りだと思います。

そうなると、自立とは特定の人間――たとえば両親――に依存する状態から脱し、複数の頼れる相手を持つ状態へ移行することだと定義できそうです。この定義に則《のっと》れば、私たちがするべきことは**自分を支援してくれる多様なネットワークを作り上げること**です。これによって、私たちは社会のなかで孤立《こりつ》することなく、豊かな生活を送ることができます。

# 人は生きている限り学ぶ存在だ

子どもの時にしっかり学んでおけば、大人になってから社会で重要な仕事をすることができます。大人になった後も学び続ければ、老年になってもその力は衰《おとろ》えることがありません。老年になった後も学ぶことをやめなければ、自分が死んだ後も自分の社会への貢献は次の世代へと引き継《つ》がれていきます。

儒学者《じゅがくしゃ》 佐藤《さとう》一斎《いっさい》
『座右版 言志四録《げんししろく》』（講談社）より著者訳読

この名言を読んでみて「え？ 子どもの時だけ勉強すればいいんじゃないの？」と不思議に思った人がいるかもしれません。実は、学ぶことは学校に在籍《ざいせき》している時だけにするものではありません。多くの人は、就職した後に会社の業務をこなしていくため、社内の昇進《しょうしん》試験に合格するため、必要な資格を取得するため、転職するためなど、いろんな事情で勉強をすることになります。**この世に生きている限り、学ぶこと、勉強することは続きます**。こう言っても間違《まちが》いではありません。

さて、**中学校や高校で身につけた知識は大人になってから勉強する時の基礎《きそ》になります**。いわゆる基礎学力（主に数学と現代国語）が身についていないと大人になってからする勉強は本当にたいへんです。

中学校や高校でする勉強は家を建てる時の基礎工事みたいなものです。基礎工事とは、文字通り地面と建物のつなぎ部分にあたる「基礎」を造るための工事のことです。この基礎工事が不十分だと住居部分の構造物が建てられません。何とか家が建ったとしても、いい加減だと何年か後に台風や強風で建物が倒壊《とうかい》してしまうことになるかもしれません。住居部分の構造物は、大人になってからする仕事や勉強に対応します。

もう一つ、付け加えておきましょう。若い頃にする勉強で獲得《かくとく》できるのは知識だけではありません。学び方のコツも習得できます。実は**学校で学ぶのは知識だけではなくて、学び方も学んでいる**のです。

勉強をしていくうちに、教科書を読みこむ時に大事なところに線を引くとか、暗記をする時は手で書いたり口に出したりしながら覚えるとか、例題をざっと眺《なが》めてポイントをつかんでから解説を読むとか、飽《あ》きないように一時間ごとに科目を変えて勉強するとか、自宅ではなく図書館で勉強するとか、自分に合った勉強法が分かってきます。中学や高校に通っている間に基礎学力と、学び方のコツを身につけた人は、**一生涯《いっしょうがい》、独力で**

学び続けることができます。

家も勉強も基礎が大事

〔2章〕

# なぜ“学校”で学ぶのだろう？

みんなは学校に通って勉強する理由について考えたことがありますか？「そんなこと、真面目に考えたことないよ」という人がほとんどでしょう。私だって中学生や高校生の時にそんなことを考えた覚えはありません。「まあ、そういうものだ」という了解《りょうかい》のもとで学校に通って勉強していました。

2章では「そもそも私たちはなぜ〝学校〟に通って学ぶのだろうか？」ということについて考えてみます。「そもそも」とは「原点に立ち返って」とか「基本的なところに戻って」という意味です。普段何気なくしていること、当たり前だと思って惰性《だせい》でやっていることについて、いったん立ち止まって、それがどうして必要なのかということを考えてみることは大事なことです。「〝学校〟で学ぶ理由」について広く深く考えてみて、自分なりの考え方が固まると、学校がそれまでとは違った景色に見えてくるかもしれません。

# なぜ学校へ行かなきゃいけないのか？

人間はどこかで、会社なり学校なり、自分以外の誰《だれ》かに動かされている環境を持っていなければいけません。何も強制されていない環境に置かれると、人間はいつの間にか、脳のより原始的な機能である感情系の要求に従って動くようになってしまいます。その結果、生活リズムを失い、面倒なことを避《さ》けるようになり、感情系の快ばかり求める生活になる。脳は基本的に怠《なま》け者であり、楽をしたがるようにできています。

脳神経外科医　築山節《つきやまたかし》
『脳が冴《さ》える15の習慣』(ＮＨＫ出版　生活人新書)

**基本的に人間は誰でも怠け者**です。「できるだけ楽をしよう」「できるだけ面倒なことを避けよう」とします。これは、自分が消費するエネルギーを最小限に抑《おさ》えるという意味で至極まっとうな戦略です。猫や犬はこういう戦略で生きています。

しかし、人間の場合はこの怠け癖《ぐせ》に飲みこまれてしまうと、勉強や仕事に打ちこめません。哲学者のカントは「教育とは、動物性が人間性を封《ふう》じ込《こ》めてしまわないようにすることである」(『教育学』『カント全集　第十六巻』理想社)と言っています。

勉強や仕事に集中するために「自分で自分を動かそう」と言う人がいます。しかし「言うは易《やす》し、行うは難《がた》し」です。つまり、そう言うのは簡単だけど、実際に自分で自分を動かすのは難しいということです。じゃあどうするか？　**勉強しなければいけない環境に自分の身を置き、他人に自分を動かしてもらうのが賢い方法**です。テスト前に自分の家で勉強する気が起きない時、図書館に行くと周りの人がみんな勉強しているので自分も知らず知らずのうちに勉強をしていたという経験はないでしょうか。学校も同じです。「学校の勉強は楽しくない」けど、「友達と会えるから学校は楽しい」と言う人がほとんどでしょう。強制的に勉強せざるをえない環境に身を置くために学校へ行くと考えてもあながち間違いではないです。

さて、不登校の問題にも触《ふ》れておきましょう。「学校へ行かない」という選択は様々な不利益をもたらします。ごく普通の家庭環境に生まれた子どもが、学校に行かずに必要なことを体系的に学ぶことはほとんど不可能です。

ただし「学校へ行くことができない」という不登校の学生がたくさん存在しているのも事実です。私が中学校や高校に通っていたのは今から五〇年ぐらい前です。学校以外のシステムはどんどん変化しているのに、学校での教育システムはあまり変わっていません。私は集団行動が嫌いですから、もしも今の時代に中高生だったらごく普通の学校には通えない可能性が大きいです。あまりにも窮屈《きゅうくつ》だからです。もう少し自分で自由に学び方や学ぶことを決めたいと思うでしょう。数学や現国は自分のペースでどんどん勉強したい、読書感想文なんて書きたくない、歴史は現代からさかのぼって勉強したい、フランスのように高校で哲学を勉強したい……など、いろんなわがままをきっと言いたくなるでしょう。

まあそういう話はさておき、普通の学校に通えない学生、通いたくない学生はどうしたらいいのでしょうか？　家に一人で閉じこもって勉強するのはお勧《すす》めしません。同じ年代の仲間と一緒に学び、じゃれ合い、刺激し合って成長していく場に身を置くべきです。今の時代、適応指導教室（小・中学校の場合）、フリースクール、海外留学や山村留学、通信制高校（高校生の場合）、オンライン学習などいろんな道が用意されています。**数ある選択肢の中から、自分に合った道を探しましょう**。

# 誰のために勉強しているのか？

勉強するって「自分のため」だけにしてるんじゃない

教育学研究者　児美川孝一郎《こみかわこういちろう》
『自分のミライの見つけ方』（旬報社）

「勉強するのは自分のために決まっている！」と普通は考えます。両親から「勉強しなくて困るのはお前自身なんだぞ！　誰のためでもない！　自分のために勉強するんだ！」と言われたことのある人もいるでしょう。この言葉はあながち間違ってはいませんが、大事なことを言い忘れています。それは「あなたがしっかり勉強してくれないと社会が困るんだぞ！」ということです。自分が勉強しないとどうして社会が困るんでしょうか？

**自分の勉強と社会はどうつながっているのでしょうか？**

高校を出た後にすぐ働く人もいれば、専門学校や大学に進んだ後に働くようになる人もいます。すでに18ページで述べたように、働くことは社会的分業の一部を担うこと、学校で勉強していた立場から会社で働く立場になることは〈社会に支えられていた立場〉から、〈社会を支える立場〉へと変わることです。

山車《だし》を思い浮《う》かべてください。山車とは、お祭りの時に引いたり担いだりする出し物のことです。幼児や学生、お年寄り、病人は山車の上に乗っている人、働いている大人は山車を引いたり担いだりする人です。学生は山車の上で、山車を動かすための教育を受けています。学生から社会人になるということは、山車の上から降りて、山車を動かす人になるということです。こう考えると、**勉強することは自分のためでもあり、社会のためでもある**ことの意味がつかめるのではないでしょうか。

一つだけ、付け加えておきましょう。「自分のためでもあり、社会のためでもある」とした時に〈社会〉という存在をどうとらえるかという点です。〈社会〉を「変えられないもの」ととらえるのではなく、「変えられるもの、変えていくもの」と考えるのが大事です。大人になるのは「現状の社会に適応できる人になるため」ではなく、**「現状の社会を変革できるような人になるため」**だからです。

言うまでもなく、**現状の社会は問題だらけ**です。世界中で勃発《ぼっぱつ》する戦争、気候変動と地球沸騰化《ふっとうか》、海洋プラスチック問題、子どもの貧困、ＤＶや虐待《ぎゃくたい》、少子高齢化《こうれいか》と過疎化《かそか》、食料《しょくりょう》自給率の低下、ジェンダーギャップ（男女格差）など、社会は問題であふれています。こういう社会問題を解決し、今の社会をもっと良い社会に変えていくためには若い人の力が必要です。

**人間という動物は不思議なことに誰もが「向上心」を持っています**。向上心とは、どこかを変えて、今より良くしたいという思いです。どこをどう変えれば、世界が、日本が、地域が多少なりとも良くなるのか、自分はその中でどの部分を担うのがいいのか――そういうことを考えてみると、やる気が湧《わ》き上がってくるかもしれません。

やがては山車から降りて動かす人に

# なぜ学校の勉強はつまらないのか？

やりたいことを思いっきりやるためには
やりたくないことも思いっきりやんなきゃいけないんだ

マンガ『ちはやふる』（末次由紀《すえつぐゆき》・講談社）　駒野勉《こまのつとむ》

「やりたいこと」を〝自分が就きたい職業〟や〝自分の夢〟と読み替え、「やりたくないこと」を〝勉強〟と読み替えてみると分かりやすいでしょう。勉強を思いっきりやるためには二つの疑問を払拭《ふっしょく》しておかなければなりません。

一つは**「そもそもなぜ学校の勉強はつまらないのか」**についてです。つまらない理由は、毎日毎日、自分の身近な経験とは無縁《むえん》の新しい知識を勉強させられるからです。人間は誰しも、自分と関係があること、自分になじみのあることには興味を覚えるし、面白さを感じます。しかし、自分の生活とまったく関係がなさそうなこと（実は「関係がないこと」ではありませんが）には興味を覚えないし、面白さを感じません。学校というのは、生徒一人ひとりの身近な経験とは無縁の知識を勉強させる場所です。だから、つまらなく感じてしまうのです。

もう少し続けます。そもそも私たちは**学び始める前には「自分は何を学ぶのか」ということがよく分かりません**。もしもはっきりと分かっていたとしたらそれはもう自分が会得《えとく》していることなので学ぶ必要なんてないのです。学び終えた後に「自分はこういうことを学んだのだ」と分かるのが学ぶことの本質なのです。

もう一つは**「なぜこんなにたくさんのことを勉強しないといけないのか」**についてです。学校で学ぶ知識とはなんでしょうか？ それは他者が経験したこと、他者が研究したこと、他者が考えたことの集まりです。この場合の他者とは、今現在生きている人も含まれますが、大部分はすでに亡くなった人たちです。

人類は約七百万年前に出現したと言われています。私たちの先祖は、数百万年にわたって様々な知識や技術、文化、芸術、社会制度、思考法などを蓄積《ちくせき》してきました。私たちは、この**長い歴史の中で培《つちか》われてきた様々なことを小学校、中学校、高校、大学のうちに習得する必要があります**。これが、私たちが短期間で多くのことを学ばなければいけない理由です。

# 自分の経験は狭《せま》い、他者の経験（知識）は広い

愚者《ぐしゃ》は経験に学び、賢者《けんじゃ》は歴史に学ぶ

ドイツの初代宰相《さいしょう》　ビスマルク

日本語には「経験」という言葉だけでなく、「体験」という言葉もあります。両者の違いを確認しておきましょう。両方とも「自分が何かをすること」を意味しますが、そのニュアンスが少し違います。体験は実際に自分で何かをしてみることです。乗馬の体験をするとか、異文化を体験するというように、「一度きりの出来事」の時に使われる場合が多いです。一方の**経験は、長い時間をかけて獲得した知識や技術を指します**。例えば仕事の経験、人生経験などのように使われます。「長期間にわたって継続的に取り組んだ結果として得た知識や技術」を指すことが多いです。

さて、この格言の中に出てくる「歴史」は、「学問としての歴史」（日本史や世界史）ではなく、「自分以外の他者が経験したことの蓄積」を意味します。つまり、愚者（頭の悪い人）は自分の経験からしか学ばないのに対して、**賢者（頭の良い人）は自分の経験からだけでなく他人の経験からも学ぶ**ということです。

この格言は自分の体験や経験から学ぶことを否定しているわけではありません。自分の体験や経験から学ぶことは良いこと、学ばないことは悪いことです。何回も同じ失敗をするような人は自分の体験や経験から学ばない人の代表例です。同じ失敗を繰り返さない人は自分の体験や経験から学ぶ人です。

そうなると、愚者の下に自分の体験や経験からも学ばない、他人の経験からも学ばない人がいることになります。**私たちが目指すのは、自分の体験や経験に学び、他人の経験（知識）に学ぶ人**です。

最後に大事なことを付け加えておきましょう。それは**知識のあるなしによって自分の「体験」の質が変わってくる**ことです。

昔、動植物に詳《くわ》しい友人と北海道の湿原《しつげん》を歩いたことがあります。湿原の木道を歩きながらその友人は水生植物や昆虫、野鳥など、湿原のもつ生物の多様性とそれらが織りなす自然景観を満喫《まんきつ》していました。動植物についての知識の乏《とぼ》しい私はぼんやりと歩くだけで飽き飽きしていました。家の近くの雑草が生えている原っぱと同じようにしか見えなかったのです。

要するに、素晴らしい体験をするには豊かな知識が必要だということです。だから

「知識よりも体験が大事であり、詰め込み教育はけしからん」という意見は正しくありません。**知識を蓄《たくわ》えること、豊かな体験をすることの両方が大事**なのです。

賢者　愚者　学ばない人

## 「させられる」と「してみよう」

すべてのことは、「させられる」と思うから辛かったり惨《みじ》めになるのであって、「してみよう」と思うとどんなことも道楽になります。

作家 曽野綾子《そのあやこ》
『老いの才覚』（ＫＫベストセラーズ）

道楽という言葉を辞書で調べると「本職以外の趣味《しゅみ》・娯楽《ごらく》などを楽しみ、熱中すること」（『ベネッセ　表現読解国語辞典』ベネッセコーポレーション）と出ています。勉強への向き合い方は「勉強をさせられる」という構えと「勉強をしてみよう」という構えに分かれます。前者の構えにたつと勉強は辛《つら》くて苦しいこと、後者の構えにたつと**勉強は道楽、つまり楽しいことになります**。

# 勉強できるのは贅沢《ぜいたく》なこと!

勉強が大変だと思ったら、勘違い。
勉強ほど、贅沢なことはない。

経営者 水口《みなくち》貴博《たかひろ》

「HAPPY LIFESTYLE」(https://happylifestyle.com/6976)

世界を見渡すと、学校へ通いたくても通えない子どもがたくさんいます。ユニセフという国際機関の報告書「盗まれた将来:学校に通っていない子どもたち(A future stolen: young and out-of-school)」によれば、世界の五歳から一七歳の子どもの五人に一人にあたる三億三〇〇万人近くが学校に通っていません。また、戦争や自然災害の影響を受ける国に暮らす一五歳から一七歳の子どもの五人に一人は、これまで一度も学校に通ったことがなく、五人に二人は小学校を修了《しゅうりょう》していません。さらに学校で勉強したくとも「女子」という理由だけで通えない国があります。

**世界の現実は、すべての子どもが学校へ通って教育を受けられるわけではない**ということです。学校で勉強する機会が得られない子どもに罪はありません。たまたまそういう境遇《きょうぐう》に生まれついたにすぎません。そうなると「学ぶ機会を社会から奪われた人間になる可能性」もあったし、「学ぶ機会を社会から与えられた人間になる可能性」もあったということです。勉強したくても勉強できない立場の人と自分の立場を比べてみると「やらされている感」で勉強するというのは何かおかしいようにも思えてきます。どんなことであれ「させられている」と思うと辛《つら》い、「してみよう」と思えると何だか楽しくなってきます。**これは勉強でも仕事でも同じ**です。

愚《おろ》かな人は勉強を軽く見て馬鹿にします。単純な人は勉強を何の条件もつけずに素晴らしいことだと称《たた》えます。確かに、若いうちに勉強することは必要なことだけど、勉強は自分の生活のすべてではありませんからね。賢い人は、愚かな人のように勉強を馬鹿にしたりしないし、かといって単純な人のように勉強を必要以上にあがめ奉《たてまつ》ったりしません。勉強というのは自分がよい人生を送るために必要であることを――なんとなくでもいいから――分かっていて、**勉強と適度な距離感で上手に付き合おう**と考えます。

せっかく学校に通える環境、図書館やインターネットで勉強できる環境でいま生きているのだから、そういう環境を最大限に活用しましょう。

# 文武両道を目指そう！

文武両道は当たり前。文武両道でなければダメなのである。片方だけでは人間としての価値が小さい。運動と勉強を両立させてこそ人間力を高められるのである。

英文学者 外山滋比古《とやましげひこ》
『何のために「学ぶ」のか』（ちくまプリマー新書）

「文武両道」の「文」は学問、「武」は武道のことで、今風に言えば勉強と運動を両立させることを意味します。**昔も今もこれからも文武両道を目指すのが賢明《けんめい》**です。

私の場合、中学から三〇歳までバスケットボール、その後は現在に至るまでテニスをやっています。運動をしている最中は嫌な気分から解放され、運動の後は気分がすっきりします。もしも運動を続けてこなかったら、心の安定が保てずにおかしくなっていたかもしれません。大げさに言えば私にとって運動は〝命の恩人〟です。

# 運動で脳を鍛《きた》えよう！

運動すると気分がすっきりすることはだれでも知っている。けれども、なぜそうなるのかわかっている人はほとんどいない。ストレスが解消されるから、筋肉の緊張《きんちょう》がやわらぐから、あるいは、脳内物質のエンドルフィンが増えるから——たいていの人はそんなふうに考えている。でも本当は、運動で爽快《そうかい》な気分になるのは、心臓から血液がさかんに送り出され、脳がベストの状態になるからなのだ。

医学博士、作家　ジョン・J・レイティ
『脳を鍛えるには運動しかない！』（NHK出版）

誰もが「運動した方がいい」と言います。「運動しない方がいい」と言う人はほとんどいません。これは年齢に関係なく、子どもでも大人でも同じです。

ではなぜ運動した方がよいのでしょうか？　**人間は動くように生まれついている**からです。はるか昔、私たちの祖先は狩猟《しゅりょう》採集生活を送っていました。群れをつくり、食物を採集したり、獲物を追いかけたりして生活していました。要するに絶えず動き回って食料を集めていたのです。現代社会はまったく違った社会になりました。動物としての当然の活動、つまり生き延びるために動き回って食物を得るということをしないで済む社会になっています。

運動は体にいいだけでなく、**脳にも多くのメリットをもたらします**。運動をすると、脳でＢＤＮＦ（脳由来神経栄養因子）という物質が生成され、脳細胞の成長や維持《いじ》、修復を助け、認知機能の向上にも寄与《きよ》します。要するに頭がよくなるのです。

若い人は勉強と運動の両方に力を入れるべきだと思います。「二兎《にと》を追う者は一兎《いっと》をも得ず」（同時に違った二つのことをしようとすると結局どちらも成就しない）ではなく「二兎を追え！」が正しいアプローチです。学校行事（文化祭や体育祭など）も含めれば「三兎《さんと》を追え！」となるかな。「一つだけ」ではもったいない。人生は長距離走です――**長い目で見れば絶対に「二兎を追え！」「三兎を追え！」が正解**です。

［3章］

# 一番大事な科目は「数学」!

「なんで英語を勉強するのか？」という疑問を持つ生徒はほとんどいません。それはなんとなく分かるからです。では、数学はどうでしょうか？「なんで数学なんて勉強させられるのだろう？めんどくさい！」と思っている人も多いのではないでしょうか。数学がどう役に立つのかは分かりづらいのです。

言うまでもなく学校で勉強する科目はすべて大事です。しかし、「どれが一番大事な科目ですか？」と聞かれたら、私は即座《そくざ》に「数学が一番大事だ！」と答えます。数学を勉強しておくと「入試の時に有利になる」というレベルの話ではなくて、自分という存在を深く知るため、他人と上手にコミュニケーションをとるため、適切な意思決定をするため、自分に合った仕事を探し当てるため、人生の荒波《あらなみ》を乗り越《こ》えていくために数学の勉強が不可欠なのです。３章では「数学の勉強がなぜ大切なのか」「数学の勉強は仕事や人生にどう役立つのか」について考えていきます。

# 五教科の中で一番大事なのは数学

『論理的に考える力（数学的思考力）』と母国語をベースとした『国語力』が、最も大切な土台だ……数学と国語は、英語・理科・社会とは並列に置くことはできない科目だ……

こがねい数学塾・塾長 渡辺《わたなべ》寛《ひろし》

「こがねい数学塾」(http://koganei-math.net/public_main/page.php?dir1=main&file=most_important)

本論に入る前に、算数と数学の違いについて整理しておきましょう。そもそも算数（小学校）と数学（中学校と高校）では勉強する目的が違います。

算数を学ぶのは「日常生活で使う計算力を身につける」ためです。これに対して数学を学ぶのは**「〈問題を整理した後に適切な方法で答えを導いていく訓練〉を通じて、〈論理的な思考力を身につける〉」ため**です。

算数と数学の違いを理解できたとして「数学の授業で勉強することは実社会で使う機会がない。だから数学の勉強は役に立たない」という意見に反論してみましょう。

ここでは「因数分解」を例に考えてみます。確かに社会に出た後に因数分解自体を使うことはないかもしれません。しかし、因数分解で身につけた〝思考方法〟を私たちは普段の生活で意識することなく使っています。

たとえば、Aという場所とBという場所でそれぞれ複数の用事を済まそうとする時、私たちはAへ行ってBへ行ってまたAに戻ってそれからBに行って……というように行動しません。Aという場所で片づけられる用事をすべて済ませ、次にBに移動してそこで片づけられる用事を済ませるというように行動します。時間を効率的に使うために、同じ場所で済ませられる用事をまとめてこなすのです。これは共通項でくくる「因数分解」の思考法を使っています。

また、**因数分解の考え方は簡潔な文章を書く時に役立ちます**。例をあげましょう。私はコンビニで飴《あめ》を買った。私はコンビニでジュースを買った。母はスーパーでアジの干物を買った。母はスーパーでバナナを買った。こういう四つの文章があったとします。この四つの文は、私はコンビニで飴とジュースを、母はスーパーでアジの干物とバナナを買った、というように一つの文章にまとめられます。これも共通項でくくる「因数分解」の思考法を使っています。同じ言葉を繰り返し使わずに済むので無駄のない文章に仕上がります。

もう少し、因数分解について考えてみましょう。次ページの数式を見てください。

$$x^2+5x+6=0$$
$$\downarrow$$
$$(x+3)(x+2)=0$$

見ての通り、二次方程式を一次方程式に分解する作業をしました。これは「高い次元の問題を低い次元の問題に分解した」のであり、それはつまり「難しい問題を二つの要素に分解することで簡単な問題に作り替えた」のです。

私たち人間は日々、問題解決に取り組んでいます。そんな時**「難しい問題を二つの要素に分解することで簡単な問題に作り替える」という方法は基本中の基本**です。たとえば惣菜屋《そうざいや》さんが「いかにして売り上げを伸ばすか」という問題を抱えているとしましょう。そんな時に漠然《ばくぜん》と「売り上げをどうやって伸ばそうか」と考えてもらちがあきません。どうしたらいいでしょうか？

（売上）＝（単価）×（個数）

というように**分解して考えると、解決の道筋が見えてきます**。これはつまり「店の売り上げを伸ばすこと」は「惣菜の単価を上げること」と「惣菜の販売個数を増やすこと」に分解できるということです。これも因数分解の思考法です。

次に高校で習う「場合分け」について考えてみましょう。左の問題を見てください。

aを定数とする時、次の不等式を解け。

$$ax > 3$$

この問題の場合、$a>0$の時、$a<0$の時、$a=0$の時の三つの場合に分けて解答する必要があります（答えは省略します）。この手の問題を社会に出た後に解くことはありません。しかしながら、こういう**「場合分け」をする手順は日常的によく使う思考法の一つ**です。

たとえば、梅雨時の天候がはっきりしない日に「洗濯物をどこで乾かすか」を考える時、私たちは天気予報をチェックしながら、次のように場合分けした上で洗濯物を干す場所を決めます。

しばらく晴れそうな場合‥外に干す。
曇《くも》り時々小雨の場合‥部屋干しする。
しばらく雨が続く場合‥コインランドリーの乾燥機《かんそうき》を使う。

**場合分けでいちばん大事なのは、抜けがないことと、重複しないこと**だと授業で習います。社会に出た後に不等式を解くために場合分けする機会はないかもしれません。しかし、場合分けで身につけた思考方法を私たちは普段の生活で何気なく使っているのです。哲学者のデカルトは「困難は分割せよ」（『方法序説《ほうほうじょせつ》』岩波文庫）と言いました。問題を適切に切り分けることは思考法の基本中の基本です。

## 教育とは忘れてしまった後にも残るもの

教育とは、学校で習ったことをすべて忘れた後に、残っているところのものである。

物理学者 アインシュタイン
『晩年に想う』（講談社文庫）

教育とは単に知識を詰め込むことではなく、学校で習った**具体的な内容を忘れてしまった後でも、なお自分の中に残る「考える力」「行動する力」「選ぶ力」を育むこと**だという意味です。この「考える力」「行動する力」「選ぶ力」などをつけるのに最も役立つのが数学という科目です。

以下、数学を勉強する意味についてさらに詳《くわ》しく見ていきましょう。

## 数学の効用① 〈論理的に考える力〉を鍛《きた》える

……ほぼすべての先進国の、義務教育のカリキュラムに数学は組み込まれています。

なぜでしょうか?

数学を学ぶのは、ものごとを論理的に考える力を養うためだからです。

永野数学塾・塾長 永野裕之《ながのひろゆき》
『根っからの文系のためのシンプル数学発想術』(技術評論社)

私たちは数学を学ぶことによって、**論理的に物事を考える力、すなわち論理的思考力を鍛えることができます**。論理的思考力とは、物事を体系的に整理し、矛盾《むじゅん》や飛躍《ひやく》のない筋道を立てて考えていく力をさします。この力を身につけるのに最も効果的なのが証明問題——ある数学的な主張が正しいことを明らかにしていく問題——に取り組むことです。

証明問題の解き方をおさらいしてみましょう。まずは問題文をしっかり読み、問題文で与えられている情報を整理します。大切な情報は二つあります。一つは前提条件、もう一つは結論です。与えられた前提条件に必要な公式や定理、解法パターンを当てはめて、結論までの過程を説明していきます。**証明問題は、論理的思考力を鍛えるのに非常に有用**なのです。

論理的思考力を鍛えることで、ある問題に対して適切な解決策を導き出す力、ある状況において最も自分に合った道を選ぶ力、コミュニケーション能力を高めることができます。

ここでは三つ目のコミュニケーション能力について考えてみます。論理的思考力が乏《とぼ》しいといくら長い時間をかけて必死で考えても、自分の思いや考えはまとまりません。その有様は、いろんな色の糸が絡《から》まって、ぐちゃぐちゃになっているようなものです。自分の頭の中が整理されていないわけですから、他の人に自分の思いや考えを伝えようとしても上手くいきません。どれだけ一生懸命に説明しても「うーん、君が何を言おうとしているのかが分からない……」ということになってしまいます。**周りの人に自分を理解してもらえない状態は自分の生きづらさにつながります**。

## 数学の効用② 〈試行錯誤《しこうさくご》する力〉を養う

理系マインドとして最も重要なのは、「トライ&エラーの実験精神」。これに尽《つ》きると言っても過言ではありません。

精神科医 和田秀樹《わだひでき》
『なぜ数学が得意な人がエグゼクティブになるのか』(毎日新聞出版)

数学の演習問題を解く場面をイメージしてみましょう。まずは問題をぱっと見て、最初に頭に浮《う》かんだ解法パターンを使って問題に挑んでいきます。簡単な問題ならそれで解けてしまいます。しかし、問題のレベルが上がれば上がるほど、一発で解答を導き出せることは少なくなります。そうなると、別の解法パターンを試してみて、それでもだめならまた異なった解法パターンを試していきます。こういうプロセスで身につくのは、**途中で諦めず、粘り強く考え抜く力**です。

数学の演習問題を解く時「ああでもない、こうでもない」と試行錯誤を繰り返すのが普通です。まさに脳みそが汗をかく状態です。他の教科は概《がい》して「知っているか知らないか」で決着がついてしまうのとは対照的です。

数学の演習問題と格闘する時、突如《とつじょ》何かがひらめくことがあるにせよ、それとて何も突然天から降ってくるわけではありません。考え抜いたからこそ、その間隙《かんげき》にふと浮かび上がってくるものにすぎません。**ひらめきは偶然に与えられるものではなくて、執念《しゅうねん》深く考え抜いたからこそ与えられるご褒美**なのです。

ぱっと頭に浮かんだ方法でトライしてみてダメだったら「もういいや」と諦めてしまう人よりも、「押してダメなら引いてみな」の精神で他の方法をあれこれ試してみる人の方が社会で活躍できるのは当然のことです。

## 数学の効用③〈具体と抽象《ちゅうしょう》を往復する力〉を磨《みが》く

思考とは抽象と具体の往復運動である。……そして、頭のよさとは、「具体」と「抽象」の距離が長い、「具体化」と「抽象化」のスピードが速い、「具体化」と「抽象化」の回数が多いの3つである。

『賢さをつくる　頭はよくなる。よくなりたければ。』（CCCメディアハウス）

実業家　谷川祐基《たにかわゆうき》

数学の勉強の中には、**抽象化という思考法、具体化という思考法が詰まっています**。これらに関して詳しく説明する前に「具体、抽象」という言葉、「具体化、抽象化」という言葉の意味について確認しておきましょう。

具体とは「目に見える形を持っていること」、抽象とは「一つ一つのものから、共通のものを抜き出して、一つにまとめること」です。具体→抽象〈具体的な物や事柄《ことがら》から抽象的な事柄をあぶり出すこと〉の流れを抽象化、抽象→具体〈抽象的な事柄を具体的な形として表すこと〉の流れを具体化と呼びます。たとえば「リンゴ、ブドウ、バナナ」を「果物」という言葉でまとめるのは抽象化、逆に「果物」という言葉から「リンゴ、ブドウ、バナナ」などの言葉を示すのが具体化です。

では、数学の勉強の中には、抽象化という思考法、具体化という思考法が詰まっているという話に戻りましょう。最初は抽象化についてです。

**最も身近な抽象化の例は「数字」です**。たとえば、二つのリンゴと一つのリンゴを足すこと、二羽の雀《すずめ》と一羽の雀を足すこと、二人の人間と一人の人間を足すこと――これらはすべて、

$$2+1=3$$

という式で表されます。もちろん、リンゴと雀と人間は「違う」のだけれど、物理的存在としての数は「同じ」だと解釈《かいしゃく》して数字でこう表現されるのです。もう一つだけ例をあげましょう。

具体的な数字が並んでいる状態をじっと眺めていても何が何だか分かりません。この状態から、$n^n$という文字式で表現された状態に移行すると――つまり**抽象化すると本質が見えてきます**。$n^n$という文字式を見ればこの具体的な数字の「規則性」が一目瞭然《いちもくりょうぜん》になるのです。

　では具体化の作業とはどういうものでしょうか？　たとえば、文章問題がよく理解できない時に自分で図を描いてみて、そこに長さや角度などの情報を書きこんでいく――これは具体化の作業です。また、与えられた数式が抽象的でよく分からない時は、数式の変数のところにマイナス2、マイナス1、0、1、2などの数字を代入してみる――これも具体化の作業です。

《具体例》 1, 4, 27, 256, 3125, 46656, 823543……

↓ 抽象化

$n^n$

（nは自然数）

ここまで見てきたように、私たちは数学の問題を解くことによって、抽象化という思考法、具体化という思考法に慣れ親しむことができます。

付け加えれば、他の科目の勉強に比べて**数学の勉強は「具体と抽象の往復運動」が頻《ひん》繁《ぱん》に行われます**。数学の授業は、定義や公式の説明を受ける→例題を解くことで定義や公式の理解が深まる→練習問題（例題と数字や条件が違っている）を解くことでさらに定義や公式の理解が深まるというように進みます。この過程で私たちは何回も「具体と抽象の往復運動」をしていることになります。

ただし、抽象化や具体化という思考法を学ぶ方法は数学の勉強だけに限りません。たとえば、ことわざに慣れ親しむことによっても鍛えることができます。多くのことわざは、人や動物の具体的な行動を表現することで抽象的な事柄（教訓）を表現するという構造を持っているからです。

「猿も木から落ちる」ということわざを例にあげて説明しましょう。これは、「サルが木から落ちる」という具体的な表現（映像が頭の中に浮かぶ）によって、「その道に長じた者でも時には失敗することがある」という抽象的な事柄（教訓）を表現しています。

「ことわざ辞典」で「猿も木から落ちる」と同じ意味のことわざを探してみると「河童の川流れ」「弘法《こうぼう》も筆の誤り」「天狗《てんぐ》の飛び損ない」「釈迦《しゃか》にも経の読み違い」というこ

とわざを見つけることができます。これらはすべて「その道に長じた者でも時には失敗することがある」という意味です。いろんなことわざを覚えることは、抽象化と具体化という思考法を学ぶと同時に、「具体と抽象の往復運動」の基礎トレーニングをしていることになります。

抽象化や具体化、あるいは「具体と抽象の往復運動」は木登りをするサルに喩《たと》えられます。優秀なサルほど易々《やすやす》と、しかも素早く高い木に登ることができます。また、状況に合わせて地上からてっぺんまでのどこの位置に留まるかを判断する賢さを持っています。さらに、必要に応じててっぺんと地上の間を何回も往復することができます。優秀なサルは「具体と抽象の往復運動」が得意な頭のいい人の喩えです。頭のいい人ほどより抽象度の高いレベルに上り、ものごとの本質をとらえることが上手です。同時に、それを具体的な事柄へと下ろしていって自分のとるべき行動を素早く決めることができます。

## 数学の効用④〈数字で根拠《こんきょ》を語る力〉を身につける

数学的発想の根幹にあるのは「情報を読み解くには、必ず数字的根拠を確かめる」という姿勢です。「数字的根拠がないことは鵜呑《うの》みにしない」「数字的根拠のない、いい加減なことを言わない」と言い換《か》えることもできます。

精神科医 和田秀樹《わだひでき》
『なぜ数学が得意な人がエグゼクティブになるのか』(毎日新聞出版)

数学を勉強することによって**数字に強い人になれる**——これが数学を学ぶ効用の四つ目です。数字に強い人とは、情報を発信する時に数字的根拠を示すことができる人、数字的根拠が示されていない情報は信用しない人です。

**世の中の仕事をよく観察してみると、マニュアルを作成する人と、マニュアルに従って作業を進める人に分けられます**。前者が管理職として後者を束ねる役割を果たします。同様に、数字に強い人(数学が出来る人)が管理職になって、数字に弱い人(数学が出来ない人)を部下として使っているように思えます。実際のところ、数字を扱《あつか》わないような管理職の仕事はありません。

以下、「数学ができる人ほど年収が高い」という研究データを紹介します。京都大学の西村和雄《にしむらかずお》経済研究所特任教授、同志社大学の八木匡《やぎただし》教授らの研究グループは二〇一二年四月、「理数系科目学習者の昇進《しょうしん》・就業形態（正規・非正規）・平均所得に関する調査結果」を発表しました。これによれば、**大学受験で数学を選択した文系学部出身者の方が数学を選択していない文系学部出身者よりも平均年収が高い**ことが明らかになりました。具体的には、前者の平均年収は五三二・二万円で、後者の四四三・一万円よりも八九・一万円も多いことが分かりました。また、数学を選んだ人の方が、大企業《だいきぎょう》に正規従業員として就職する割合や、役職者である比率が高いことも分かりました。

私立の文科系に進もうとする人は早々と数学を不要科目に位置づけてしまい、高校二年生ぐらいからもう数学の勉強をしない人が多いようです。これは、賢い選択ではありません。

## 数学パワーが世界を変える

現在、世界では、ＩＴ機器の爆発的な普及《ふきゅう》や、ＡＩ、ビッグデータ、ＩｏＴ等の社会実装により、社会のあらゆる場面でデジタル革命が起き、革新的なデジタル製品・サービス・システムが新たな市場を開拓していく「第四次産業革命」が進行中であると言われている。

この第四次産業革命を主導し、さらにその限界すら超えて先へと進むために、どうしても欠かすことのできない科学が、三つある。

それは、第一に数学、第二に数学、そして第三に数学である！

経済産業省・文部科学省のレポート「数理資本主義の時代〜数学パワーが世界を変える〜」

デジタル革命とは、情報技術の急速な進歩と普及によって、社会や経済の構造が根本的に変わる現象のことです。具体的には、インターネットやスマートフォン、クラウドコンピューティング、ビッグデータ、人工知能（ＡＩ）などの技術が、私たちの社会や生活、仕事の仕方を根本的に変えていく様を表しています。このデジタル革命は、根本的な変化をもたらすという意味で「第四次産業革命」とも呼ばれています。

**第四次産業革命において数学は非常に重要な役割を果たしています**。ビッグデータを例に説明しましょう。

ビッグデータとは、非常にたくさんのデータ（複数の数の集まり）のことです。このデータは、私たちが日常生活で使うスマートフォンやコンピュータ、インターネットなどから集められます。たとえば、ＳＮＳへの投稿内容、オンラインショッピングの履歴、スマートフォンの位置情報などがビッグデータの代表例です。このデータを企業が分析することで、私たちの好みや行動を読み取り、より良いサービスを提供するために使われたりします。

こういった**大量のデータを解析し、そこから意味のある情報を抜き出すためには、統計学や確率論などの数学的手法が不可欠**です。要するに数学は、これらの技術革新を支える基盤として、第四次産業革命の進展に欠かせない存在なのです。

とにかく大切なのは数学

［4章］

# 教科書以外の“本”を読もう

みんなは教科書以外の本を読んでいますか？　読んでいる人は少数派かもしれません。「読書なんてめんどくさい。本なんて読まなくても生きていけるさ」と言う人もいるでしょう。確かにその通りですね。本なんて読まなくても普通に生きていけます。

しかし、哲学者のソクラテスは「大切にしなければならないのは、ただ生きるということではなくて、よく生きるということなのだ」（プラトン著『ソクラテスの弁明　クリトン』岩波文庫）ということを言っています。よく生きるとは幸せな人生を送ること、自分らしい生き方を作り上げていくことです。

それじゃあ、幸せな人生ってなんでしょうか？　自分らしい生き方って何でしょうか？　そういうことを自分で考えるためのヒントが〝本〟の中にはたくさん詰まっています。こう言うと「本じゃなくてネットで十分だ！」と言い返す人もいるかもしれません。私はそうは思いません。「ネットはネット、本は本」なのです。ネットは本の代わりにはなりません。詳しくはこの後、説明しますね。

# 読書は人生を面白くする

読書は充実した人間を作り、
会話は気がきく人間を、
書くことは正確な人間を作る。

哲学者 フランシス・ベーコン
『ベーコン随想集』渡辺義雄・訳（岩波書店）

読書とは「（研究調査や受験勉強の時などと違って）一時《いっとき》現実の世界を離れ、精神を未知の世界に遊ばせたり、人生観を確固不動のものたらしめたりするために、（時間の束縛を受けること無く）本を読むこと」（『新明解国語辞典　第六版』三省堂）です。

読書が不要だと主張する大人はあまり見かけません。少なくとも、まともな大人でこういうことを言う人はいません。文部科学省の「子どもの読書活動の推進に関する法律」には「子どもの読書活動は、子どもが、言葉を学び、感性を磨《みが》き、表現力を高め、想像力を豊かなものにし、人生をより深く生きる力を身につけていく上で欠くことのできないもの」だと書いてあります。

知識を獲得する方法は様々です。その中で**最も信用性が高くて質の良い知識を取り入れられるのが読書という方法**です。読書を習慣にしている人は、様々な言葉を覚え、いろんな知識や知恵を蓄《たくわ》えながら、自分自身の考え方の幅を広げ、困難に直面してもへこたれない力を養うことができます。自分を容器に喩《たと》えてみれば、容器の機能が高度化――柔軟《じゅうなん》でありながら丈夫《じょうぶ》になっていく――していくようなイメージです。容器の機能が高度化していけばいくほど、自分が活躍できる道、自分が輝ける道が増えていきます。そして、そういう人は、有意義な人生、面白い人生を送ることができます。

一日に三〇分でいいから教科書以外の本を読んでみましょう。種があっても水や養分を与えなければ花は咲きません。種はあなたの才能や特性、水や養分が読書に対応します。**読書はあなたの才能や特性を最大限に花開かせていくのに欠かせない活動**なのです。

## 読書ほど安上がりで手軽な道具はない

ＶＵＣＡという言葉が若干古臭く聞こえるほど、これまでの成功体験が通じない不確実な時代である。

このような時代に、一人ひとりが個人として尊厳を持って生き、尊重され、自己成長し、自己実現して幸せに生きていくためには、「自分の頭で考える」「自分のことは自分で決める」ことが不可欠だ。

自分の頭で考え、自分のことは自分で決めるためには、自分をより高めていく力が必要である。自分を高める力とは、経験、体験、知識、教養、擬似《ぎじ》体験、こんな要素が構成要素になろう。

経験・体験はともかく、知識、教養、擬似体験について、本は圧倒的な力を発揮する。これほどまでに安価で簡便なツールがほかにあるだろうか。

有隣堂《ゆうりんどう》・社長　松信健太郎《まつのぶけんたろう》

『２０２８年　街から書店が消える日　本屋再建！　識者30人からのメッセージ』（小島俊一・プレジデント社）

ＶＵＣＡとは、Volatility（変動性）、Uncertainty（不確実性）、Complexity（複雑性）、

Ambiguity（曖昧《あいまい》性）の頭文字をとった言葉です。「ＶＵＣＡの時代になった」――社会の変化が激しく、将来を予測することが難しい時代になった――というように使われます。ＶＵＣＡの時代を生き抜くには、**自分の心で感じ、自分の頭で考え、自分の生き方を自分で決めていくことが不可欠**です。そのためには、絶えず自分の能力――論理性と感受性――を高めていく必要があります。じゃあそういう能力をどうやって高めていったらいいのでしょうか？　一人ひとりが持っている時間やお金は有限です。**最も安上がりで手軽な方法が読書**です。

　ちまたでは体験格差が社会問題になっています。体験格差とは子どもたちが学校の外でいろんな体験をする機会において生じる格差のことをさします。具体的には、家庭の経済状況や地域環境によって、旅行や習い事、自然体験などの機会が豊富な子どもと、そうでない子どもとの間に生まれる差異です。こういう**体験格差を緩和《かんわ》できるのが読書ではないでしょうか**。とりわけ小説を読むことは疑似体験に大きな力を発揮します。疑似体験とは、実際には体験していない出来事や状況を、あたかも自分が体験したかのように感じることです。小説を読むと、登場人物の気持ちや出来事を自分のことのように感じることができるのです。

# 〈家庭知〉や〈学校知〉を超《こ》え出るための〈読書知〉

勉強をすればするほど、周りの大人が本当に正しいことを言っているのか、間違ったことを言っているのか、自分で判断できるようになってきます。周りの大人の意見だけでは心もとないと思ったときに、自分で必要な本を探して読むこともできるようになります。

そうやって自分で自分の基準を作り、自分で選べるようになることこそが、大人になるということです。そしてそれこそが自由になるということです。

江戸文化研究者 田《た》中《なか》優《ゆう》子《こ》

『続 子どもはなぜ勉強しなくちゃいけないの?』(おおたとしまさ編著、日経BP)

さて、「勉強はどこでするどことですか?」と聞かれたらどう答えますか? ほとんどの人は「学校」と答えるでしょう。もちろん間違いではありません。しかし、**勉強するのは学校だけではありません**。

家庭も勉強する場所です。すべての人が幼稚園や保育園、小学校に入る前に日本語を話せるようになっています。これは、生まれた瞬間から家庭生活のなかで自然に勉強してきたからです。日本語だけでなく、箸《はし》の持ち方、トイレの仕方、数の数え方、人との接し方、社会で禁止されているルールなど、様々なことを家庭で両親や祖父母に教わってきました。

小さい頃は親や学校の先生は絶対的な存在でした。ところが、中学、高校と進むにつれて、親や先生の価値観（何を大切だとするかという考え）が絶対的なものではないと気づいたり、親や先生の考え方や行動に幻滅《げんめつ》してみたり、時には逆らってみたりするという状況が生まれてきます。これは悪いことではなくて、自分が成長していくために必要不可欠なステップです。親や先生の言うことを鵜呑《うの》みにする時期から、自分の考え方が芽生えてくる時代へと脱皮《だっぴ》していくにつれて、**親や先生と違う感じ方や違う考え方を持つようになってくるのは当然**のことです。

親や先生に反発したり、ちょっと距離を置こうとしたりする時、自分なりの考え方を独力で確立するのは至難《しなん》の業《わざ》です。**そんな時に役立つのが読書**です。哲学者のセネカは次のような言葉を残しています。

## 天才の家庭の〝養子〟になる

どんな両親を引き当てようとも、それはわれわれの力でどうすることもできなかったことで、偶然によって人間に与えられたものである。とはいえ、われわれは自分の裁量で、誰の子にでも生まれることができる。そこには最もすぐれた天才たちの家庭が幾《いく》つかある。そのどれでも、君が養子に入れてもらいたい家庭を選ぶがよい。

哲学者　セネカ

『賢人《けんじん》は人生を教えてくれる』（渡部昇一《わたなべしょういち》著、致知出版社）

**勉強する時に「誰から習うのか」というのは非常に大事な要素**です。あなたはこれまで両親や学校の先生、塾の先生からいろんなことを習ってきました。ところが、あなたが「この人に教わりたい」と考えて〝先生〟（両親、祖父母、学校の先生など）を選択したわけではありません。いずれの〝先生〟も偶然によって自分に与えられたものです。そういう彼ら彼女らに、何らかの質問をぶつけた時、通り一遍《いっぺん》の答えしか返ってこなかった経験はないでしょうか。答えが返ってきたものの、その答えに物足りなさを感じた経験はないでしょうか。

**そんな時に頼れるのが書物です**。「われわれは自分の裁量で、誰の子にでも生まれることができる」とセネカは言います。もちろん、実際にその人の家の子に生まれ変われるという話ではありません。そうではなくて**「最もすぐれた天才たち」が書いた本を手に取ってその教えを学べば、その人の子どもになることと同じだ**よと言っているのです。

家庭で生活を通して得られる知識〈家庭知〉、学校で獲得する知識〈学校知〉――これら二つの知識を超えたところに、読書で得られる知識〈読書知〉が存在します。〈家庭知〉と〈学校知〉は自分に偶然与えられたものであるのに対して、**〈読書知〉というのは自分が自由に選ぶことができる**のです。

## ネットは本の代わりにはならない

……今の時代はネット上に知識は溢《あふ》れ、佇《たたず》む彼らの解決策がネットからすぐに手にできると思っているのかもしれない。しかし、ネット上に溢れているものは知識ではなく、単なる情報に過ぎない。情報を見極める頭がなければ、なんの解決策も見出すことはできないだろう。かえって情報が多すぎるあまり、扱いを誤れば足を取られてしまう危険性もある。

英語学者 渡部昇一《わたなべしょういち》
『人生の手引き書』（扶桑社新書）

**書物で得られるのは体系的な知識であり、ネットで得られるのは断片的な情報だ**とまとめられます。

体系的とはどういうことでしょうか？　学校で使っている教科書やみんながいま手に取ってくれているこの本をイメージしてください。たとえば、大昔のことから現代に至るまで時間の流れに沿って項目が並んでいるような状態は体系的です。また、最初に基本的な事柄《ことがら》を確認した上で、少しずつレベルの高い事柄へと進んでいくような場合も体系的です。さらに、異なる視点からテーマに迫り、それがどう関係するかを説明しようとしたり、一つの立場からのみ主題に迫るのではなく、二つとか三つの異なった立場から一つのテーマを深めていったりするのも体系的です。つまり、**体系的とは個々の部分が相互《そうご》に関連し、一定の原理や秩序《ちつじょ》のもとで系統的にまとまっているような状態**のことです。

いまみんなは83ページに書いてある内容を読んでいます。これは約二三〇ページから構成される体系的な項目の一部ですね。これに対して、ネットで手に入る情報は「そこにぽつんと置かれている」というような意味で断片的なのです。断片的とは、物事がバラバラでまとまりがない状態をさします。ある部分が全体の中でどういう位置を占めているのか、他の部分とどう関係しているのかが見えないのです。

**私たちは「何か大事なことを知りたい」と思って調べる際、「自分が何を知りたいのか」を十分に分かっていません**。調べていくうちに、「自分が本当に知りたいと思っていたこと」は「最初に自分が思っていたこと」とは別のことだったとか、「自分が知りたいと思っていたこと」を十分知るにはその横にあるテーマ（それと関連する情報）やもっと深いところにあるテーマ（もっと本質的な情報）について知る必要があるとか――そういうことがよくあります。こういうことができるのは書物だけです。ネットの断片的な情報をつまみ食いしているだけではこういうことはできません。

書物で得られる体系的な知識とネットで得られる断片的な情報では、書いてある内容の信頼性が違います。概して、**書物から得られる知識は信頼性が高く、ネットから得られる情報は信頼性が低い**のです。

書物が世の中に出るためには本を書いた著者以外の専門家（主に出版社の編集者）が内容の信憑《しんぴょう》性や正確性をチェックします。間違ったことを言っていないか、偏《かたよ》ったことを言っていないか、レベルの低いことを言っていないか——そういうことをチェックします。

それに対して、ネットに上がっている情報の多くは第三者のチェックを受けていません。専門家ではない素人が実名を名乗ることなく、もっともらしい情報を載《の》せることができてしまうのです。情報を提供する人は閲覧《えつらん》数を稼《かせ》ぐために極端《きょくたん》で偏った意見を言い散らかしたり、分かりやすさを優先するため複雑な事柄を極端に単純化したりというケースが少なくありません。また、自分の商売に誘導《ゆうどう》するための呼び水のような文章もあふれています。

何より問題なのはどこの誰が書いたのかはっきりしない文章が多いことです。言葉というのは「それをどこの誰が発したのか」という情報と結びつくことで、重みや責任が生まれてきます。そういう意味で、ネットの上の情報には言葉の力が足りないのです。

書いてある内容の信頼性という点でいうと、**本というのは〈時の試練に耐《た》えてきた〉質の良い体系的な知識**だと言えます。みんなは一年間にどれぐらいの本が日本で出版されているか知っていますか？　毎年およそ七万点の本が出版されています。七万冊ではありませんよ。七万種類の本が出ているということです。

いま手元に『14歳からの哲学――考えるための教科書』（池田晶子《いけだあきこ》著、トランスビュー）という本があります。この本が出版されたのは二〇〇三年三月です。二〇年以上も前に出版されたのに、この本は未だに大きな書店に並べられています。毎日毎日、新しい本が入荷してくるのに、未だにこの本が並んでいるということは二〇年ちょっと

| | 本 | ネット |
|---|---|---|
| 得られるもの | 体系的な知識 | 断片的な情報 |
| どれぐらい信じられる内容なのか | 正確で信頼性が高い | 不正確で信頼性が低い情報があふれている |
| 本名なのか匿名なのか | 誰が書いたのかがはっきりしている | 誰が書いたのか分からない情報があふれている |

の時間を生き抜いてきたすごい本、〈無数の選抜試験〉を生き抜いてきた本だということです。

さて、ここまでネットよりも本の方が優れているということを一方的に述べてきました。もちろん、本よりもネットの方が優れている点もあります。最新の出来事を本で知ることはできません。こういうことはネットに頼るのが正解です。また、旅行の計画を立てる時に所要時間やお勧めの観光地を調べるのならば、ネットに頼るのが正解です。

今の時代、ネットの情報を最大限に活用するのは当たり前のことです。私もこの本の原稿を書いている時はしょっちゅう知りたいこと、考えたいことを検索エンジンで調べたり、人工知能（ＡＩ）に質問したりしています。

ただし、自分の知りたいことを探す能力は検索力や質問力に比例するということを覚えておきましょう。また、検索して出てくる情報のすべてが正しいわけではありません。ＡＩだっていつも正確な答えを返してくるわけではありません。

私たちに求められる能力は二つあります。一つは、**適切な検索ワードを使えるか**、**適切な質問文をつくれるかどうか**です。もう一つは、玉石混淆《ぎょくせきこんこう》（優れたものと劣《おと》ったもの、正しいものと間違ったもの、有益なものと有害なものが混じっていること）のネット情報の中から**質の**

**高い情報を取捨選択《しゅしゃせんたく》する能力**、ＡＩの回答がどこまで**正しいかを判断できる能力**です。

これら二つの能力を身につけるには、書籍（あるいは論文）を読みこんで体系的な知識を身につける以外の方法はありません。

ここまで大まかな内容について説明してきました。以下、読書の効用についてもう少し詳しく見ていきましょう。

## 読書の効用① 集中力が身につく

読むことを覚えるということは、社会が教育を通じてその成員に強制する行為である。しかし、読書に没頭《ぼっとう》するという行為のなかには、これよりももう少し深い意味が隠されている。つまりそれは、なにがしかの危機の自覚から生れ、それを乗り越えようとする、自分にも充分には意識されていない意欲に結びついた行為である。したがってそれは、決して受け身ではあり得ない。むしろ能動的で積極的な精神の営みであり、生きる意志の反映だとさえいえるのである。

文芸評論家 江藤淳《えとうじゅん》
『夜の紅茶』(北洋社)

読書とは「能動的で積極的な精神の営みである」というくだりに注目してみましょう。逆に言えば、**読書は受動的で消極的な精神の営みではない**、ということです。

このあたりを理解するために、本を読む行為とテレビを見る行為を比べてみましょう。どちらも知識や情報をインプットする行為です。しかし、同じようにインプットするとは言ってもそこには大きな違いがあります。

テレビは基本的に受け身であり、受動的で消極的な娯楽《ごらく》にすぎません。何か他のことをしながらでも、寝っ転がってでも、テレビを見ることができます。集中力は要求されないのです。

一方、**何か他のことをしながら読書をすることは不可能**です。読書以外に注意が向かないように周りの環境を整え、背筋を伸《の》ばして椅子に座り、一冊の本を読むという一つの行為に集中することが要求されます。そして、一定の時間、集中した状態を維持《いじ》することが求められます。

「読書に集中できない」——目で文字を追っているのに内容が頭の中に入ってこない状態——というのはありがちな悩みです。誰でも最初はそうです。だから、自分で工夫する、努力する。つまり、読書はものごとに集中する訓練でもあるということです。**読書を習慣にすることで集中力が増し、それは他の分野でも活きてきます**。

## 読書の効用② 書く力の基本が習得できる

……よい文章を書く基本は読書にある、と考えている。書く修練を積んでいなくとも、読んでいれば、必要なときに書くことができる。

作家 阿刀田高《あとうだたかし》
「まず読むことから」『読みたい、読めない、「読む」の壁《かべ》』（ゆまに書房《しょぼう》）

高校入試や大学入試で出題される小論文に苦手意識を持っている人も多いのではないでしょうか？ 多くの人は、入試の前に小論文対策として、①出題の主旨《しゅし》を理解すること、②序論→本論→結論の流れをつくること、③書き始める前に何を書くかをメモすること、④書き終えたら誤字や脱字《だつじ》がないかをチェックすること――などを学びます。しかし、そういう対策は小手先のことです。**どれぐらい読書をしているかが論文の質を決める**のです。

読書で何を獲得できるのでしょうか？ 一つは**語彙力《ごい》（たくさんの言葉や表現を知っており、それを適切に使いこなせる力）です**。「ちょっと難しいな」と思う本をたくさん読み、分からない言葉は辞書を引くようにすると語彙力が増えていきます。

もう一つは、**文章の型、すなわち論理展開のパターン**です。本を読むことで、物語のパターン〈過去→現在→未来という時間の流れ〉、5W1Hのパターン〈誰が（Who）、いつ（When）、どこで（Where）、何を（What）、なぜ（Why）、どのように（How）という項目〉、主張＋根拠のパターン〈最初に意見を述べ、その後に根拠を示す〉、抽象＋具体のパターン〈抽象的なことを述べ、例をあげる〉、分割のパターン〈一つの事柄をいくつかの要素に分けて論述する〉、比較のパターン〈ある事柄の特徴を説明するのにそれと似た事柄を持ってきて比較する〉など――を自然に吸収できます。**読書によって獲得した二つの力（語彙力と文章の型）は書く力の基本になります**。

そもそもの話、誰かが書いた本を読むという行為と、誰かに向けて文章を書くという行為はまったく違うことをしているように思えますが、似たようなことをしています。両者は他者とコミュニケーションをとっているという点で同じなのです。いまこの本を読んでいるあなたは著者の私と会話をしています。いま私は読者であるあなたと会話をしているつもりでこの文章を書いています。

コミュニケーション能力を身につけることが必要だという話は聞いたことがあると思います。皆さんは日常的に学校や塾、部活動、家などで他の人とコミュニケーションをとっています。このコミュニケーション能力は、直接対話（聞く＋話す）の能力と間接対話（読む＋書く）の能力に分けられます。

直接対話と間接対話を比べてみましょう。直接対話は、間接対話に比べて感情やニュアンスが伝わりやすいという点で優れています。一方、間接対話は、直接対話に比べて、正確性（相手に間違いなく伝わります）、回読性（一度に大勢の人に伝えられます）、反復性（何度でも読み返せます）、保存性（あとで読み返せます）という点で優れています。

昨今、仕事の現場において間接対話（読む＋書く）の重要性が高まっています。

第一に、メールでのコミュニケーションが増えたこと、第二に、技術が高度化・複雑化する中で、仕事で飛び交う情報がより難解になってきていることです。第三に、同質性の高い人（気心の知れた日本人だけ）とする仕事から異質性の高い人たちとする仕事へ変化していく流れのなかで、多種多様な人たちとグループを形成して仕事を進めていく場面が増えているということです。

## 読書の効用③「心の知能指数」が向上する

読書は、私たちの心の知能指数（ＥＱ）を高め、共感力を向上させる効果があります。

Ｗｅｂ「読書のいろは」運営者　ゆきのり

Ｗｅｂ「読書のいろは」(https://book-iroha.com/read-effect-merit/)

**心の知能指数（EQ：Emotional Quotient）とは自分の感情を上手に取り扱う能力のこと**です。一般的に人間の能力は、言語能力や論理能力などに代表される知的能力（IQ：Intelligence Quotient）の高さだけが注目されがちです。しかし、実社会で活躍している人たちは、ＩＱが高いだけでなく、いま自分がどのような感情を抱いているかを自覚する能力、自分の感情を上手にコントロールする能力、他者の感情を推測する能力、他者の感情に寄り添って適切に働きかける能力などのＥＱ的な能力が高い人が多いと言われています。ＥＱ的な能力が求められるのはなぜでしょうか？　それは人間関係を良好に保つことがチームとして実績を挙げるためには絶対に必要だからです。

先天的要素が大きいＩＱと異なり、**ＥＱは様々な経験を積むこと、適切な訓練を受け**

**ることで高めることができます**。ＥＱ的な能力を向上させるのに最適なのは小説を読むことだと言われています。

小説に没頭している時に私たちは、物語中の登場人物の観点に立ち、出来事をまるで自分自身の体験や経験であるかのように味わいます。登場人物が何を考え、どういうふうに感じ、何をしようとしているのかを推測することによって、登場人物の行動を予測していきます。こういった**疑似体験によって、他者のものの考え方や心の動きを自分の中に取り入れることができ、ＥＱ的な能力が高まっていく**のです。

私にとってのベストワンの小説は『笹《ささ》まくら』（丸谷才一《まるやさいいち》著）という本です。第二次世界大戦中に徴兵《ちょうへい》を免《まぬが》れるために五年間にわたって日本各地を逃げ回る主人公・浜田庄吉《はまだしょうきち》の物語です。もしも自分が徴兵されたらどうするだろうか？　国の命令に従って戦場へ行くのか（殺されるか、殺すか）、それとも主人公のように寝《ね》ても覚めてもびくびくしながら日本各地を転々と逃げ回るか――どっちもできそうにない……そんなことを考えながら読みふけりました。初めて読んだのは二〇歳ぐらいでした。

## 読書の効用④　悩《なや》みや苦しみを乗り越《こ》える力がつく

学問の目的は、世俗《せぞく》的な成功のためではなく、困難に直面しても苦しまず、心が乱れないようにするためであり、人生の浮《う》き沈《しず》みを理解して惑《まど》わないためである。

儒学者《じゅがくしゃ》　荀子《じゅんし》

「宥坐篇《ゆうざへん》第二十八」『荀子（下）』金谷治《かなやおさむ》・訳注（岩波文庫）より著者訳読

「読書は学問の術《すべ》である」と言われるように、**学問を究《きわ》めるには読書は必須《ひっす》の行為**です。したがって学問の目的と読書の目的は重なるところが多いでしょう。

生きている限り悩みや苦しみは尽きません。悩みのレベルは様々で、日常的な悩み、人間関係の悩み、学校や会社に関する悩み、自分の進路や生き方に対する悩みなどに分かれるでしょうか。こういう悩みや苦しみを一つ一つ取り上げて解決の道を示してくれるのが専門家と呼ばれる人です。**専門家の思想からエッセンスを吸収すれば、問題解決に至らずとも「困難に直面しても苦しまず、心が乱れない」ようになります**。

**人生には悩みや苦しみは付きもの**です。人生のどの時期に、どういう苦悩を抱《かか》えるかは人それぞれです。哲学者の中島隆博《なかじまたかひろ》は思春期の苦悩を次のように語っています。

「私は中学3年生から高校3年生まで、自分でどうしてよいのかわからないほど、悩み苦しんだ日々を送っていました。学校での勉強はまったく手につかず、手当たり次第に本を読み、考えをまとめようとひたすら文章を書いていました。生きるとはどういうことなのか、自分とはいったいいかなるものなのか、何かを感じたり考えたりするとは何をしていることなのか、言語とは何なのか、社会とはどういうことなのか、そしてなぜこんなにも苦しいのか、抱えきれないほどの大きな問いを前にして、途方《とほう》に暮れていたのです」(『扉をひらく哲学』岩波ジュニア新書)。そういう時に中島が巡《めぐ》り逢《あ》ったのが「森有《もりあり》正《まさ》という哲学者の全集と、中国の古典」でした。「高校生の直感として、ここには極めて重要なことが書かれているし、それを理解することができれば、きっと自分を整えることができるはずだと思いました」と当時を振り返っています。

では次に、私が若い頃に抱えていた悩み、そしてその悩みと向き合うために、解決の糸口を発見するために役立った本を紹介しましょう。

## 「何かがしたい」けど「何ができるのかが分からない」

**やりたいことのある人とやりたいことがない人の間に何かしたいけど何が出来るのか分からない人ってカテゴリーがあって8割方そこに属してると思うんだがね**

マンガ『ネムルバカ』(石黒正数《いしぐろまさかず》・徳間書店)

二〇代中頃の私はまさに「何かしたいけど何ができるのか分からない」状態でした。非鉄金属メーカーで研究職の仕事をしていた私は「どうして仕事はこんなにもつまらないのか」ということに悩み苦しんでいました。「つまらないことを我慢してするから給料がもらえるんだ」と先輩に諭《さと》されたこともありました。仕事が辛いという悩みならともかく仕事が面白くないという悩みは贅沢な悩みかもしれません。しかし、当時の私にとっては切実な問題でした。同じ会社の違う部署に異動したり、別の会社に転職したりしても、私が抱えていた苦悩は解消されないことはなんとなく分かりました。いま振り返れば、**社会の中に自分の価値観や能力や興味に合致《がっち》した役割や居場所がどこにもないような気がした**のです。

ひとまず、寺山修司《てらやましゅうじ》や岡本太郎《おかもとたろう》、遠藤周作《えんどうしゅうさく》が書いた人生論のような本を次から次へと読みました。そういう本を一通り読んだ後に出会ったのが、エーリッヒ・フロム（社会心理学者）の著作でした。

もちろん私の個別的な苦悩を消し去ってくれるような即効性《そっこう》がその著作の中にあるわけではありません。しかし、**何かすごく本質的なことが書いてあって、それが理解できれば自分の働き方や生き方のヒントになる**と思いました。

それと同時に、フロムの文章のなかに、**問題はこういう手順で考えていくんだという思考法のお手本を見た**のです。フロムは二つの概念《がいねん》（「……とは何か」ということについての受け取り方）を示しながら――たとえば「～からの自由」対「～への自由」（『自由からの逃走』）、「持つ様式」対「ある様式」（『生きるということ』）、「幼稚な愛」対「成熟した愛」（『愛するということ』）――社会問題を掘り下げていきます。この切れ味鋭い思考スタイルは自分の思考様式に少なからぬ影響を与えました。

さて、心の健康を維持したり、ストレスを解消したりするための効果的な方法として読書療法《りょうほう》（Bibliotherapy）が注目されています（日本読書療法学会監修《かんしゅう》『読む薬』アチーブメント出版）。これは**私たちが抱える悩みや苦しみといった問題の解決を本で援助する技法**のことです。

イギリスでは二〇一三年六月に政府公認で医師が精神疾患《しっかん》の患者に対して「薬」ではなく「本」を処方する医療システムが始まりました。一七世紀の医師シデンハムが「良好ナル書ハ百ノ医薬ニ勝ル」と述べているとおり、読書という行為が苦悩を緩和させる効果を持っているのです。医師が患者の症状に合うような本を処方したり、薬局ではなく図書館に行って処方された本を借りたりと世界的にも読書療法が広がりを見せています。

何も悩むことのないお気楽な人よりも、**生き方に悩み苦しむ人の方が、味わい深い人生を歩んでいけるのかもしれません**。人は胃の調子が悪くなってはじめて胃の存在に気づき、その役割について考えるようになります。それと同じで私たちも調子がいい時はほとんど何も考えません。自分の調子が悪くなってはじめて自分の存在や役割について考え出すのです。要するに**壁にぶつからないと人間は真剣に考えない**のです。行き詰まらないと次のステップへと踏み出せないのです。

## いろんな本をたくさん読もう

読書法は、ただひとつ、濫読《らんどく》せよという説があり、私もこの説に大賛成である。読書法はそれ以外にはない。言葉をかえれば、好奇心を失うなということになるだろうか。とくに若いうちは絶対に濫読が必要である。濫読の時期のなかった人は大成しないと極言してもいい。

作家　山口瞳《やまぐちひとみ》

『続　礼儀《れいぎ》作法入門』（新潮文庫）

濫読とは「目的もたてず、選択することもせずに、手当たり次第に本を読むこと」（『新明解国語辞典　第六版』三省堂）です。**濫読のいいところは、書物のほうで自分の資質を教えてくれる**ということです。自分がどういうことに興味があるのかは多くの分野の本を読んでみなければ分かりません。そういう経験を通じて、自分の資質が分かり、どの方向に進んだらいいかというヒントが分かってきます。

何を読んだらいいのか分からない人もいるでしょう。両親や先生にお薦《すす》めの本を聞いてみるのもいい。気に入った映画やテレビ番組があったら、原作となった小説を手に取ってみるのもいい。長編小説は夏休みや冬休みにとっておいて超短編小説やエッセイならば、ちょっとした空き時間に読めるでしょう。

私は中学生の時、同級生が熱心に読んでいた『国盗《と》り物語』（司馬遼太郎《しばりょうたろう》著、新潮文庫）と『ボッコちゃん』（星新一《ほししんいち》著、新潮文庫）に興味を持ち、さっそく図書館で借りて読んだ覚えがあります。司馬遼太郎の本はとにかく長くて読むのがたいへんでした。それに比べて星新一の本は超短編ＳＦ小説なのでさくさくと読めました。文庫本になっている本はおおよそ読み尽《つ》くしました。

いま思えば、その作品のほとんどが単に面白いというだけでなく、文明批評、近代社会批判の様相を呈《てい》していたことに惹かれたのだと思います。

地域の図書館に行くと「ティーンズコーナー」という一角があります。その名の通り一〇代のためのコーナーで「大人の本は難しいけど、子どもの本では物足りない」という中高生に向けた本がずらりと並べられています。

**進路や仕事に関する本、勉強や趣味についての本、部活動の参考になる実用書、人間関係や体の悩みなどに役立つ本、小説やエッセイなどいろんな本を手に取ることができます**。

本をたくさん読むと自分の進路が見えてくる

5章

# 学校の外での過ごし方

みんなの日常生活は「学校での生活」と「学校の外での生活」の二つに分けて考えることができます。

「学校での生活」は「この時間はどこで何をするか」がきっちりと決められています。だから、自由度（自由になる度合い）が小さくてみんなが同じように行動することになります。それに比べて「学校の外での生活」はまあまあ自由なので「この時間はどこで何をするか」はある程度自分で決められます。だから、「学校の外での生活」は人によってかなり違ってきます。

では「学校の外で過ごす時間」はどれぐらいあるでしょうか？　学校から戻って寝るまでの時間、土曜日や日曜日、夏休みや冬休み、春休みを足し合わせるとけっこうな時間になります。こういう時間を楽しく、活き活きと、有意義に過ごしたいとは思いませんか？　自分の将来を見据《す》えながら、貴重な学生時代を楽しく活き活きと有意義に過ごすにはどんな心持ちで生活するのがよいのでしょうか。5章ではそんなことを考えてみましょう。

# いろんなことをやってみることの大切さ

やりたいことが見つからない、と言っても、先生は教えてくれない。おじけづかないで、どんどん新しいことを試してみることだよ。自分で試して体験してみないと、それが自分に合っているか合っていないか、やりたいかやりたくないかもわからないでしょ。やりたいことが見つかってからやるんじゃなくて、見つけるためにまずは何かやってみるんだよ。だからとにかく新しいことを試してみなさい。そうすると本当に自分がやりたいことが見つかるからね。

物理学者　小《こ》柴《しば》昌《まさ》俊《とし》

『エスチャン Vol．09』(アスクネット)

「やりたいことが見つからない」と言う人もいるでしょう。というか、そういう人の方が多いのではないでしょうか。「自分は何をやりたいのか」ということは他人に聞いても分かりません。先生に聞いても、親に聞いても、人工知能（AI）に聞いても「それはあなたにしか分からないことですよ」と答えるでしょう。**「やりたいことは何か」というのは自分自身が感じることなので自分に聞いてみるしかありません**。

じゃあ、自分に聞いてみても分からない時はどうするか？　それは**いろんなことをやってみること**です。いろんなことを実際にやってもいないのに自分に聞いても分かるはずがありません。実際にやってみた後で「面白かった？　つまらなかった？」と自分に聞いてみるのです。「面白かった」と感じたことが「自分のやりたいこと」の種になります。

「やりたいことが見つからない」というのは「好きなことが見つからない」ということと同じような意味です。取り立てて好きなことがない時はどうしたらいいのでしょうか？　やっぱりこれもいろんなことをやってみるしかありません。**実際にやってみた後で「面白かった。またやってみたい」と思えることが「自分の好きなこと」の種になります**。

## 「なんとなく始める」で十分

何かを始めるのに〝揺《ゆ》るぎない意志〟とか〝崇高《すうこう》な動機〟なんて無くていい
成り行きで始めたものが少しずつ大事なものになっていったりする
スタートに必要なのはチョコっとの好奇心くらいだよ

マンガ『ハイキュー!!』(古舘春一《ふるだてはるいち》・集英社)

やりたいことが見つかってからやるんじゃなくて、やりたいことを見つけるためにまずは何かをやってみる。好きなことが見つかってからやるんじゃなくて、**好きなことを見つけるためにまずは何かをやってみる**。こういう考え方に慣れるといいですね。「何かに挑戦する!」というように大げさに構える必要はありません。ちょっと試してみる、成り行きで始めてみる、ちょっと手を出してみる——そういう軽いノリでOKです。

# 完璧主義者は行動に移れない

人生はいつも準備不足の連続だ
常に手持ちの材料で前へ進む癖《くせ》をつけておくがいい

マンガ『魔法先生ネギま！』（赤松健《あかまつけん》・講談社）

私たちは通常、準備をしてから行動に移ります。この時、どれぐらい準備をしてから行動に移るかは個人差があります。何の準備もせずに行動に移れば成功率は低くなります。逆に一〇〇％の準備をしてから行動に移ろうと考える人はどうでしょうか？　一〇〇％の準備をすることなんて無理なので、その人は行動を起こせないままただただ時間だけが過ぎていくことになります。

完璧な準備をしてから行動しようとするのではなく、**ある程度の準備ができたら行動するのが賢明《けんめい》**です。完璧主義者は永遠に行動に移れません。

# やる気を出すにはどうするか？

やる気はやり始めると出るんだ！
人はやり始めが一番エネルギーを使うので
とにかくとりかかるべしってワケ！

マンガ『賢者《けんじゃ》が仲間になった！』（アズ・講談社）

「やる気が出ない〜」というのは中高生に限らず誰もが日常的に陥《おちい》る感覚です。学生なら「勉強する気がしない」という状態、社会人なら「仕事する気がしない」という状態です。

私たちは完璧な心理状態（やる気がみなぎっているような状態）でなければ何かを始められないと思いがちです。しかし、そういう完璧な状態はめったにありません。私の場合、やる気満々でパソコンの前に座れるのはせいぜい一ヶ月に一日ぐらいです。

唯一《ゆいいつ》の解決策は**やる気なんて気にしない**ということです。「やる気があるから、勉強を始める」のではなく、「やる気があってもなくても勉強を始める」。しばらくすると「やる気がどこからともなく出てくる」という流れです。

「やる気なんて気にしない」ということを別の言い方で説明すると、〝気分〟と〝自分がするべきこと〟(勉強)を言葉で連結しないことです。連結してしまうと「気分が乗らないから勉強しない」という文章が出来上がります。気分とやるべきことは連結させないのが鉄則です。「気分は気分、勉強は勉強」と呪文を唱えて勉強に取りかかればよいのです。私も日々「気分は気分、仕事は仕事」と呪文を唱えてパソコンの前に座っています。

不思議なことに、**やる気はやり始めるとどこからか湧《わ》いてくる**のです。床に置いてある重い荷物を押したり引いたりする場面を想像してみましょう。動かす瞬間にはかなりの力が必要であっても、**いったん動き始めるとそれほどの力は必要ありません**。物理の法則として、静摩擦力《せいまさつりょく》(静止している物体を動かそうとする時に働く摩擦力)よりも、動摩擦力《どうまさつりょく》(動いている物体に働く摩擦力)の方が小さいからです。人間の場合も同じです。

# 「意志」ではなく「習慣」で自分を動かそう

人がまず習慣をつくり、それから習慣が人をつくる。

詩人 ドライデン

『アフォリズムの底力』(里中哲彦《さとなかてつひこ》編著、プレイス)

習慣とは「いつもそうすることがその人の決まりになっていること」(『新明解国語辞典第六版』三省堂)です。そうすることが当たり前になっているので、それをしないと何だか気持ちが悪い、何だか落ち着かないってことになります。

たとえば寝る前に歯を磨くことが習慣になっている人が、歯を磨かずに寝た時は不快な気分になります。通学時間に読書をすることが習慣になっている人が、何らかの事情で読書ができなかった日は何だか落ち着かない気持ちになります。

若いうちはみんな、勉強や読書、筋トレ、ダイエットなど自分がやるべきことを抱えているはずです。そういうことを、「意志」の力で実行するのはたいへんなことです。意志とは、強い決意や明確な目的を持って行動する意欲のことです。意志を当てにすると、多くの人はやるべきことを継続できずに挫折《ざせつ》してしまいます。なぜならば**「意志の**

**力」は弱い**からです。では、いろんなことを継続できている人はどういう人なのでしょうか？　それは「習慣の力」に頼《たよ》る人です。**「意志」ではなく「習慣」で自分を動かすのが賢明**です。

習慣にするとは、行動を自動化することです。自動化することで継続することが苦にならず、無理なく続けられるようになります。「継続は力なり」ですから、自分の目標に一歩一歩近づいていくことができます。

決まり事をつくるのは自分自身です。この決まり事を淡々《たんたん》と実行していくこと、つまり習慣が自分の中に染みこんでいけば自分自身の成長が感じられます。**まずはあなたが自分の習慣をつくり、その習慣があなたをつくり替えていく**のです。

## スマホはほどほどに使うべし

一杯《ぱい》は人　酒を飲む
二杯《はい》は酒　酒を飲む
三杯《ばい》は酒　人を飲む

ことわざ

このことわざは、お酒を飲む際、量が増えるにつれて酔《よ》いも増し、やがては人が酒に飲まれてしまって正体をなくす様子を表しています。「酒はほどほどに飲むべし」という戒《いまし》めです。このことわざはスマホとの付き合い方にも適用できます。「スマホを適量だけ使うのはいい。しかし、適量を超えて使うと、自分の日常生活に支障が出たり、イライラが募《つの》ったり、他人との関係がぎくしゃくしたりするよ」という意味です。**スマホの使いすぎはあなたを本物の友達やリアルな体験から遠ざけます**。「スマホはほどほどに使うべし」なのです。

言うまでもなく、スマホは非常に便利な道具です。友達と簡単に連絡がとれたり、離れていても友達とゲームができたり、簡単に情報が手に入ったりするなど数多くのメリットがあります。しかし、スマホを使いすぎると、視力が低下したり、寝付きが悪くなったり、姿勢が悪くなったり、指の変形や痛みが起きたりもします。

最近、スマホを手元に持っていないと不安になり、勉強中や食事中であってもスマホが気になって仕方がない「スマホ依存症」が社会問題になっています。スマホ依存症の人はアルコール依存症やギャンブル依存症の人と同様に、脳の前頭前野の機能が弱まっていることが分かってきています。前頭前野はある行動を抑制《よくせい》したり制御《せいぎょ》したりする役割を担う部分です。だから、「やめたい」「やめよう」と思っても、自分の意志ではやめられなくなると考えられています。

スマホは生活に欠かせない道具で、上手に使えばとても便利な道具です。私たちに求められるのは、スマホを否定することではなく、**スマホを上手に賢く使う**ことです。基本は、〝使う場所〟と〝時間〟を限定することです。以下、一般的なガイドラインをまとめました。両親と話し合って「マイルール」を決めることをお勧めします。

① **食事中や他人と話をしている時はスマホを使わない。**目の前の人と話す直接的な対話が主（中心で重要なさま）、ネットを通した間接的な対話は従（中心ではない

付属的なもの）だと考えよう。

② **寝室にはスマホを持ちこまない。**中学生は午後9時以降、高校生は午後10時以降、スマホを使わない。目覚まし時計代わりにスマホを使わない。

③ **一日の使用時間を決める。**一日に一時間～二時間ぐらいが標準である。

④ **つながらない時間をつくろう。**スマホの通知音はオフにし、自分が決めた時間（たとえば一時間に五分）にまとめて確認するようにする。

⑤ 自分のいる場所とは別の場所にスマホを置くようにして、**スマホを見るのが手間となる状況を意識的につくる。**勉強部屋、風呂、トイレにはスマホを持ちこまない。

最後にまとめです。スマホに振り回されているような状態、つまり「自分がスマホに支配されている」状態は好ましくありません。「スマホが主人、あなたはスマホに振り回される奴隷《どれい》」ではないはずです。あくまでも**「あなたが主人、スマホは道具」**なんですからね。

# 孤独で退屈な時間の効用

子どもが「孤独な時間」を持ち、「理由のない退屈を経験する」ことは「健康」であり、よいことである。

哲学者 ガストン・バシュラール
『家族を「する」家』（藤原《ふじわら》智《とも》美《み》著・講談社＋α文庫）

孤独は悪いこと？　そうではありません。退屈な時間は悪いこと？　そうではありません。確かに、一日中、孤独で退屈なのは好ましいことではありません。しかし、**自分の一日の中に、孤独で退屈な時間を確保することは人間の成長に欠かせないこと**です。

大人から次々に勉強や遊びを強制されるような状況を考えてみましょう。そんな時、あなたは自分から何かをしようとは思いません。やるべきことをこなすだけで精一杯だからです。

孤独で退屈な状態におかれると、人は自分が興味のあること、自分が面白く感じることを探します。また、そういう時間は自分自身と向き合う機会を提供してくれます。これにより、**自分の気持ちを整理したり、新しい自分を発見したり、過去を思い出したり、**

**未来を想像したりする心の余裕が生まれてきます**。

私たちは「情報過多社会」に生きています。「情報過多社会」とは、膨大《ぼうだい》な量の情報が日常的に流通し、人々がその情報を処理しきれずに、ストレスや困難を感じる社会のことをさします。ラインで常に友達とつながったりしている状態、絶え間なくTikTokやYouTubeを見続ける状態からしばし離れ、**孤独で退屈な時間に浸《ひた》ることは、心の健康や自分の成長にとって極めて有益です**。

# 悪口は自分の身に返ってくる

悪事《あくじ》身にかえる

ことわざ

このことわざは、自分のした悪事は結局のところ自分の身に戻ってきて自分が苦しむ結果になるという意味です。「他人の悪口を言うこと」は悪事の一種ですから、悪口は自分の身に返ってくると言えるでしょう。

私はここで**「悪口はほどほどにしよう」**という戒めを書こうと思います。しかし、人間という生きものは基本的に悪口を言うのが大好きですし、私も例外ではありません。悪口を言うとすっきりします。またAさんと私が話している時に、その場にいないBさんの悪口で盛り上がると私とAさんの距離感がぐっと縮まります。悪口は接着剤の役割を果たすのです。こういう前提を押さえた上で、悪口はTPO（Time, Place, Occasionの頭文字を取った略語。時と場所と場面に応じてという意味）をわきまえてほどほどにしておくのがよいという話をしていきます。

**私たち人間は必ず何らかの集団に属して生活しています**。中高生であれば、自分が属するクラス、部やクラブなどがその集団にあたります。悪口というのは「ある集団の中で標的となった人が自分よりも劣《おと》った存在だ」と言うことです。それによって「自分の方がその標的になった人よりも優れた存在だ」と暗に主張する行為です（和泉悠《いずみゆう》著『悪口ってなんだろう』ちくまプリマー新書）。

ここで取り上げたことわざが物語るように、**悪口は自分に返ってくるから、「自分にマイナスになること」はあれど「自分にプラスになること」はあまりありません**。どうしてマイナスになるのかをまとめてみました。

第一に、**他人の悪口を言いふらす人は、自分の悪口を言いふらされる人になりやすい**ということです。ある人の悪口を言えば遅かれ早かれその悪口は標的になった人の耳に入ります。その対象者の気持ちはどうでしょうか。いい気持ちがしないだけでなく、隙《すき》あらばあなたに仕返しをしてやろうと思うでしょう。

第二に、**「他人の悪いところ」に注目する人は「自分の悪いところ」に注目しがち**であり、これは良くない習慣です。人であれ、物事であれ、良い面もあれば悪い面もあるのは当然のことです。どっちに注目するかは自分で選ぶことができます。私たちは自分の良いところ、自分の置かれた環境の良いところを探す訓練をしなければなりません。

そうすることが、心穏やかに楽しく生きていく上で大事なことだからです。

第三に、悪口を言いふらすことは**自分にも大きなストレスをもたらす**ということです。あなたが誰かの悪口を言う時、あなたの脳は自分がそういう悪口を言われていると勘違いしてしまいます。次のような理論が知られています。

私たち人間には、「新しい脳」と「古い脳」の二つが同時に存在しています。「新しい脳」は理性的に言葉を理解できるので、聞いた言葉の主語を理解でき、誰の悪口を言っているのかが分かります。しかし、「古い脳」は人間が言葉を使い始める前から存在していた部分なので、「主語とは何か」ということが理解できず、言葉はすべて自分のことだと受け取ります。ということは、自分が発した他人の悪口も自分に言われている悪口だと勘違いしてしまうのです。

もちろん冷静になって発した言葉は、「新しい脳」で処理するので主語を間違えることはありません。しかし、感情的になって発した悪口は、自分に向かって言っているのと同じように「古い脳」は受け取るのです。**感情的になって口汚く人を罵《ののし》れば罵るほど、脳は自分の悪口を言われたと思いこむ**ということです。

また、悪口を言うことでドーパミンなどの快楽物質が脳内に放出され、人は一時的に快楽を感じられるという研究があります。これは、他人と比較して自分が優位に立ったと感じることで生じる快感です。しかし、これはあくまでも一時的なものであり、長期的にはストレスホルモンが増加したり、自己嫌悪《じこけんお》に陥ったりというネガティブな影響が出てきます。つまり、**他人の悪口を言う行為は、一時的な快感をもたらすものの、持続的なストレスや自己嫌悪感をもたらす**ことを覚えておきましょう。

哲学者のラッセルは「あなたの興味をできるかぎり幅広くせよ。そして、あなたの興味を惹く人や物に対する反応を敵意あるものではなく、できるかぎり友好的なものにせよ」(『幸福論』岩波文庫)と言います。他人の悪口をネットに書き立てるのに時間を割くのは無意味です。「悪いもの」ではなく「よいもの」に目を向け、自分がよいと思うものや人、自分が美しいと思うものや人、自分がすごいと思うものや人のコレクションを増やしていきましょう。**そのコレクションの中から将来の自分の仕事や一生楽しめる趣味の種が見つかるはず**です。

## 「やりたいこと」や「将来の夢」はあってもなくてもいい

やりたいことが見つからないと悩んでいる人も多いそうですね。でも、僕は無理に見つけることなんかないと思うんです。大事なのは、やりたいことが浮かんだとき、それができる状況にしておくことです。

漫画家　しりあがり寿《ことぶき》
『プロ論。3』（徳間書店）

なるべく早いうちに「やりたいこと」を見つけ、それに向けて努力を続け、最終的にそれを仕事にする――これが望ましいという常識がまかり通っています。この常識は疑ってみた方がよいです。なぜならば、**学生時代に思いつく「やりたいこと」なんて当てにならない**からです。テレビやインターネットで目にするきらびやかな職業、自分が知っている身近な職業（学校の先生、医師、看護師、美容師など）にどうしても偏《かたよ》ってしまいます。

しかし、それはたまたま目に付いただけのことです。そういうことに安易《あんい》に飛びついてしまうと、本当に自分に合った仕事を捕まえることができません。

また、「今のところ、取り立ててやりたいことはない」――そういう心持ちでもまったく問題はありません。**何年か後にやりたいことがはっきりとしてきた時にそれに向かって動けるような準備をしっかりとしておきましょう**。具体的には、学校の勉強を一生懸命すること、読書をすること、スポーツをして体力をつけておくことです。

「やりたいこと」がはっきりしていると頑張れるけど「やりたいこと」がはっきりしていないと頑張れないと言う人がいます。これは間違っています。逆に今自分の思う「やりたい仕事」が学歴を必要としない職業の場合、学校の勉強をおろそかにしてしまう可能性があります。**「やりたいこと」があっても「やりたいこと」がなくても、目の前の「やるべきこと」をしっかりやるのが得策**です。

「やりたいことを無理に見つける必要はない」のと同様に、「夢を無理に見つける必要はない」と私は考えます。小学生なら無邪気《むじゃき》に自分の夢を語れます。しかし、中高生になるとそうはいきません。**自己理解が進んでくる一方で、それぞれの職業に対する知識も増えてくる**からです。

中学や高校のキャリア教育で語られる夢は「適切な目標」でなければいけません。「適切でない目標」の代表例は、プロスポーツ選手やダンサー、芸能人、声優、ユーチューバーなどの職業です。こういうきらびやかな職業を自分の夢として掲《かか》げ、その目標に向かって努力するというようにキャリア教育を進めると、**自分がするべき「適切な努力」がだいたい学校の勉強ではなくなってしまいます**。

「適切な目標」と聞くと急に将来の夢が分からなくなるかもしれませんね。とりあえずは、「自分の将来の夢？　特になし」でもＯＫです。夢がある人は頑張れる人、夢がない人は頑張れない人というのもウソです。目の前の学業に精を出すことです。**学力や学歴は自分の選択肢《せんたくし》を増やし、自分の可能性を広げてくれます**。

補足です。みんなの中には、プロスポーツ選手やダンサー、芸能人、声優、ユーチューバーになれる才能の芽を確かに持っている人もいるかもしれません。そういう人はそれを自分の夢として掲げるのは悪いことではありません。ただし、その場合も**それだけに固執《こしつ》せずにその他の目標も二つぐらい見つけておくことをお勧めします**。自分の可能性を自分で狭めてしまうのは得策ではないからです。この場合もやはり「二兎《にと》を追う者は一兎《いっと》をも得ず」（同時に違った二つのことをしようとすると結局どちらも成就しない）ではなく、少なくとも「二兎を追え！」、できれば「三兎《さんと》を追え！」が正解です。

## 人工知能（ＡＩ）を家庭教師や相談相手として活用する

……生成ＡＩは一切の遠慮・配慮がいらないため、個人的な教師や相談相手として使うことができます。こちらがなかなか理解できずに何度質問しても怒られることがなく、相手の時間を気にすることもなく、こちら側の都合の良い時間に、自由な質問を、何度でも聞けるというのは大きな利点です。

ＡＩ研究者 今井翔太《いまいしょうた》

『生成ＡＩで世界はこう変わる』（ＳＢ新書）

生成ＡＩとは、文章や画像、音楽などを自動的に生成する人工知能（ＡＩ）のことです。ここで今井が述べているように、生成ＡＩは自分が勉強をする時の〝家庭教師〟、自分の進路を考える時の〝キャリアカウンセラー〟（＝相談相手）としてたいへん役立ちます。生身の家庭教師や生身のキャリアカウンセラーなどと生成ＡＩの違いは二つあります。

一つは生成ＡＩの場合、三六五日、二四時間、いつでも質問に答えてくれるだけでなく、どれだけしつこく質問を続けても嫌な顔一つせず、答え続けてくれることです。これは生成ＡＩの最大の利点です。もう一つは生成ＡＩが極めて博識であり、あらゆる分野をカバーしていることです。これは、生成ＡＩが多種多様な人間が書いた膨大な文書データを日々、収集・分析・学習しているからです。

では、もう少し具体的な活用方法を見ていきましょう。最初は生成ＡＩを勉強にどう役立てるかです。

たとえば、英語を勉強する際に、ある英単語を覚えたい時にその英単語を含んだ例文を教えてもらったり、難しい英文法について日本語で詳しく説明してもらったり、長文読解の際に要約して重要ポイントを示してもらったり、自分が書いた英作文を添削してもらって改善点を指摘してもらったりといった使い方です。

国語の勉強に使う場合なら、分からない言葉の意味を調べたり、言葉の反対語や類義語を教えてもらったり、古文や漢文の現代語訳をしてもらったり、記述問題について模範解答と自分の回答と比較してもらったりといった使い方が考えられます。

生成ＡＩを勉強に活用する際の注意点にも触れておきましょう。第一に、生成ＡＩの力を十分に発揮させるには質問力が大事だということです。別の言い方をすると、質問文の質が回答の質に影響すること、得られた回答に対して次にどういう質問を続けていくかで大きな差が生まれます。ではどうやって質問力を鍛えるか？　安直な方法はありません。すでに述べたように、数学の勉強で論理力を鍛えたり、本をたくさん読んで語《ご》彙《い》を増やし、たくさんの論理パターンを吸収することです。

また、生成ＡＩは間違った回答をすることがけっこうあります。しかもやっかいなことにそれを堂々と回答してくるのです。「回答が正しいのか、間違っているのか」「回答のなかのどれを採用して、どれを採用しないか」は人間が判断するしかありません。こういった判断力をどうやって身につけるのか？　やっぱり安直な方法はありません。学校での勉強や読書によって体系的な知識を身につける必要があります。

次に、自分の就きたい職業を探索《たんさく》したり、自分の進路を決めたりする時に生成ＡＩをどう活用するかについて説明していきます。

情報収集に関しては、たとえば、自分が興味を持った職業に関する情報、またその職業に就くためにはどういう学部に進む必要があるのか、またどういう資格を取得する必要があるのかなどを相談するのに生成ＡＩは有効です。自分の知りたいことをピンポイントで聞けるのが生成ＡＩの最大の利点です。本という形でまとめられている情報は広範囲にわたるため、自分が知りたい情報を探し当てるのが難しいことがあります。また、生身のキャリアカウンセラーは自分固有の経験や限られた知識に基づいた対応をするしかないため、多種多様な学生に対して適切かつ十分な情報を提供するのは不可能です。

自分が就きたい職業や自分の進路に関して相談する時、一般的な生成ＡＩ（Copilotや

ChatGPTなど）を使うのが最初のステップとして有効です。ただ、一般的な生成ＡＩの場合、進路以外の様々な情報を提供できる一方で、進路相談に特化していないため、具体的な進学情報や最新の教育制度に関する知識が不十分です。それに対してオンラインで利用できる「進路支援サービス」を活用すると、進学やキャリア形成に関する最新情報や専門的な知識を得ることができ、具体的なアドバイスがもらえたりします。

以下、私の考えです。自分の進路を決めていく時は「拡散思考」（自分の考えを広げる）と「収束思考」（自分の考えをまとめる）の両方が求められます。「拡散思考」ではＡＩを思う存分使って、自由かつ楽観的に発想を広げてたくさんの自分の可能性を探っていきましょう。ＡＩの力を使いこなせない時は大人の力を借りましょう。「収束思考」では、①「拡散思考」で得られた考えを評価して現実的で実行可能なものに絞りこんでいくこと、②行動計画を立てる→実行する→結果を検証する→次の行動計画を立てるというプロセスを回していくことの二点が求められます。この工程は生身のキャリアカウンセラーや学校の先生の力を借りるのがよいと思います。

［6章］

# 「自分の将来」について考えてみよう

ゲームを攻略するにはゲームの進行手順、つまりそのゲームがどういうステージに分かれて進行していくかを理解しておく必要があります。「人生というゲーム」を攻略するのも同じです。みんなは遠くない将来に「学校で勉強する」というステージから「会社で仕事をする」というステージに移っていくことになります。この移行に伴ってするべきことは自分で自分の仕事（職業）を選ぶことです。

アルバイトを選ぶのとは違って仕事を選ぶのは簡単ではありません。アルバイトなら適当に選んで駄目ならまた別のアルバイトを探せば問題ありません。仕事はそういうわけにはいきません。適当に選ぶと後で辛い思いをすることになります。そういう事態を避けるコツは自分に合った仕事（＝適職）を選ぶことです。

みんなは「気の合う友達」と「気の合わない友達」がいると思います。どうしてそういうことになるのかというと人間にはいろんなタイプがいるからです。気の合う友達と一緒にいると楽しいし、話が弾みますね。それと同じで、「自分に合う仕事」と「自分に合わない仕事」があります。人間もいろいろ、仕事もいろいろだからです。自分に合う仕事に就ければ、自分の能力を十二分に発揮でき、社会の中で活躍できます。

6章では自分に合う仕事とは何か、そして自分に合う仕事をどうやって見つけていったらいいのかについて、私の経験談を交えながら考えていきましょう。

# 何であれ向き不向きはある！

合わぬふたあれば合うふたあり

ことわざ

鍋にふたをする場面を想像してみると、大きな鍋には大きなふたが必要だし、小さな鍋には小さなふたが必要です。この鍋とふたの関係を、あなたと職業の関係に置き換《か》えてみましょう。鍋とふたが合う場合もあれば合わない場合もあるのと同様に、**あなたと職業が合う場合もあれば合わない場合もある**ということです。別の喩《たと》えでいえば「丸い釘《くぎ》は丸い穴に四角い釘は四角い穴に」ということ、馴染みのある四文字熟語でいえば「適材適所」ということになります。

人間は一人ひとりみんな違っています。顔や背丈といった外見だけでなく、どんなことに興味を持っているか、どういうことが得意か、どういう価値観（何を大切だと考えるか）を持っているか、どういう社会問題に関心があるのか、どんな人に憧《あこが》れているか——そういったことを細かく聞いてみると誰ひとりまったく同じ人はいません。

一方、世の中にはたくさんの職業が存在します。「職業分類表」（厚生労働省）によると、

**職業の数は約一万八〇〇〇種類以上あります**。多種多様な職業一つ一つを見ていくと、それぞれ職務遂行《すいこう》能力（働く人が持っているべき知識、技能、経験、性格など）が異なっています。

要するに、個人もいろいろ、職業もいろいろなので、「自分はどういうタイプなのか」を考えつつ「世の中にはどういう仕事があるのか」を調べて、**出来るだけ自分に合った仕事に就けるように作戦を練りましょう**。自分に向いている職業に就ければ、自分の活動能力は増大し、喜びの感情が高まります。逆に自分に向いていない職業に就くと、自分の活動能力は減少し、喜びの感情は低くなります。

ただし、向き不向きといっても一つの職業に狙《ねら》いを絞《しぼ》るのではなくて複数の職業をリストアップしておくべきです。たとえば、Ａ、Ｂ、Ｃの三つをリストアップしておけば、就職を決める時にこの候補の中から自由に選ぶことができます。また、Ａが駄目でもまだＢとＣがあるということになります。要するに**複数の選択肢《せんたくし》を持つことは「自由」の度合いを高め、リスク（危険や問題が発生する可能性）を減少させる**のです。

# 適職探しには手がかりが必要！

大海に針をすくう

ことわざ

このことわざは「大海に落ちた一本の針をすくい上げる」の意味から、「非常に困難なこと、ほとんど実現不可能なこと」を表します。「大海」を「多種多様な職業」、「海に落ちた針」を「自分に合った職業」に置き換えてみましょう。そうすると、**たくさんの職業の中から闇雲《やみくも》に自分に合った職業を探しても成功しない**ことは分かると思います。どうしたらいいでしょうか？　何らかの〈手がかり〉があれば自分に合った職業が見つけられそうです。すぐに見つけられなくても、それを探し当てる確率はぐっと上がるはずです。では〈手がかり〉とはどういうものでしょうか？

# 適職は〈価値観〉〈能力〉〈興味〉の重なったところにある

……「こだわり・価値観」「強み・能力」「興味・関心」について把握《はあく》し、この三つが重なる部分を知ることで、自分に合った仕事を見つけることができます。

『ジョブ・カード活用ガイド』（厚生労働省）をもとに作成

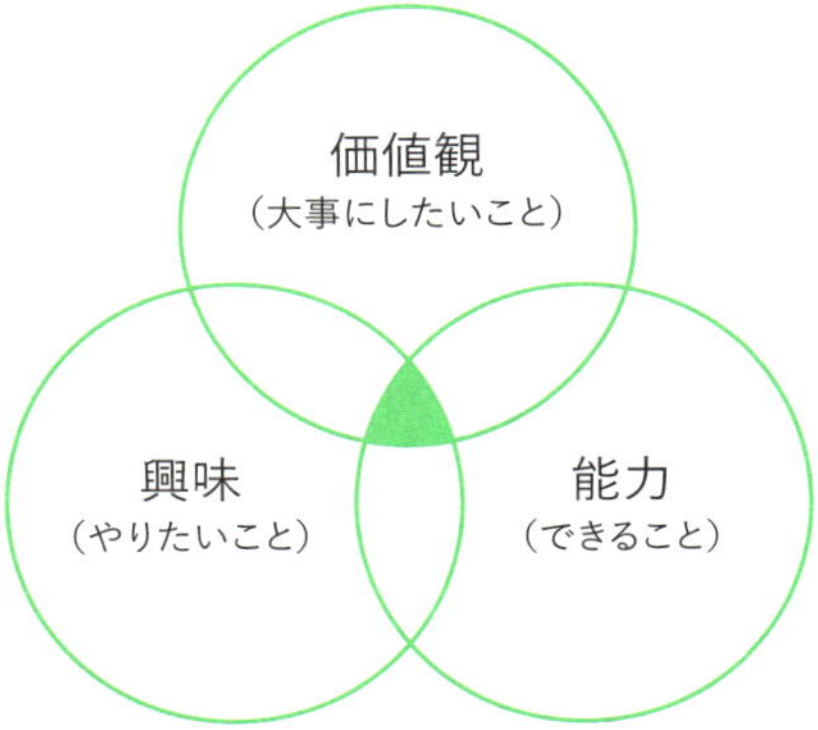


適職は〈価値観〉〈能力〉〈興味〉の重なったところにある

**適職を見つける手がかりは自分の〈こだわり・価値観〉、自分の〈強み・能力〉、自分の〈興味・関心〉の三つ**であり、適職はこれら三つが重なったところ（上のベン図を参照）にあります。ではこの三つについて順番に見ていきましょう。ただし、以下の説明では〈こだわり・価値観〉は〈価値観〉、〈強み・能力〉は〈能力〉、〈興味・関心〉は〈興味〉と表現します。

では、一つ目の価値観について説明してい

きます。ここで言う価値観とは「どんな仕事に価値を感じるか」「自分にとってよい仕事とは何か」という基準です。この基準は人によって異なっており、これを知ることは、自分に合った仕事を探っていくための第一歩です。あなたの価値観を教えてください。そう言われても答えられない人が多いのではないでしょうか？　そんな時に便利なのが「自分の価値観を知るためのキーワード集」です。

自分の価値観を探っていく時に大事なことを二点だけ付け加えておきます。

大事なことの一つ目は、**価値観を選ぶのは優先順位を決めること**だということです。たとえば「安定」と「冒険」、「社会的交流性」と「在宅勤務」、「プライベート優先」と「経済的報酬」は両立しません。また、すべての価値観を満たしてくれるような仕事は存在しません。「自分としてはこれだけは譲《ゆず》れない。残りは我慢する」というような決め方をしましょう。何かを選ぶことは何かを捨てることでもあります。

大事なことの二つ目は、この**価値観は固定的なものではない**ということです。年齢や自分を取り巻く環境が変化するにつれて価値観が変わっていくことが多いです。

ちなみに私の場合は大学卒業時点での価値観〈グローバル、会社の将来性、社内研修の充実度〉→二〇代後半の時の価値観〈経営者の魅力、社会貢献、冒険〉→三〇代半ばでの価値観〈自己裁量と自立、フリーランス志向、社会的評価〉というように変わっていきました。大学卒業時点から三〇代半ばまでの道のりは、だんだんと自分の本性が分かっていった過程であり、同時に自分で自分の生き方を選んでいった過程でもありました。

仕事を選ぶ上であなたが大事にしたいことはなんですか？　それを把握するために、リストの中から、自分に当てはまると思うものを選んでみましょう。リストの中に当てはまる選択肢がない場合は、その他（　　　　）の欄に自分の言葉で書いてみましょう。

□ **会社の将来性**：成長著しい業界や会社で働きたい
□ **グローバル**：海外で働くチャンスが多い業界や会社で働きたい
□ **愛他性**：医療や看護、介護などの「人をケアする仕事」に就きたい
□ **社会貢献**：社会課題を解決するような仕事に挑戦したい
□ **経済的報酬**：たくさんのお金を稼げる仕事に就いて高水準の生活を送りたい
□ **プライベート優先**：仕事内容より、私生活で自分の望む生活を送れることを優先したい
□ **自己裁量と自立**：自分のやり方や自分のペースで仕事に取り組める
□ **創造性**：仕事を通じて新しい物や仕組み、アイデアなどを創り出せる
□ **身体的活動**：体を動かす仕事がしたい
□ **社会的評価**：社会に広く仕事の成果を認めてもらえる仕事に就きたい
□ **社会的交流性**：いろんな人と接点を持ちながら業務を進められる仕事がしたい
□ **業務の多様性**：単一の業務ではなく、多種多様な業務を遂行できる仕事に就きたい
□ **安定**：安定している業界や会社で働きたい
□ **冒険**：安定よりも、冒険や挑戦に重きをおきたい

＊『ジョブ・カード活用ガイド』（厚生労働省）や『就活の手帳』（あさ出版）などを参考に著者が作成した。

## 自分の価値観を知るためのキーワード集

□ **環境の快適さ**：仕事環境が快適で心地よい

□ **起業志向**：いずれは起業して一国一城の主《あるじ》になりたい

□ **フリーランス志向**：いずれはフリーランスとして仕事をしていきたい

□ **在宅勤務**：リモートワークができる職種に就きたい

□ **自己成長**：業務を通じて専門知識やスキルを積み上げていける仕事に就きたい

□ **社員の定着度**：離職率の低い業種や会社で仕事がしたい

□ **社内研修の充実度**：教育研修制度の充実している会社で働きたい

□ **転勤の有無**：転勤の少ない会社で働きたい

□ **経営者の魅力**：魅力的な経営者の下で働きたい。

□ **ワークライフバランス**：育児や介護休暇が取りやすい会社で働きたい

□ **人間関係**：社員同士が良好な関係を保っているような会社で働きたい

□ **その他**（　　　　）

□ **その他**（　　　　）

□ **その他**（　　　　）

では二つ目の能力について説明していきましょう。**〈能力〉とは仕事をしていく上で役立ちそうな自分の特徴**であり、「自分はどういう性格なのか」「自分はどういう強みを持っているか」「自分はどういうことが得意か」ということです。友人と自分の日頃の言動を比べてみて、自分の性格や強み、得意なことについて考えてみましょう。

## 自分で「自分の能力」を把握《はあく》するのは難しい

我が身の事は人に問え

ことわざ

誰でも自分の特徴はよく分からないのに、他人の特徴はよく分かるものです。自分の見立てと、他者の見立てをすり合わせると正確な自分の特徴が浮かび上がってくるはずです。自分の周りの人——両親、親戚のおじさんやおばさん、学校の先生など——に**自分の性格、強み、得意なことについて聞いてみることをお勧めします**。

自分の適職を探していく時、あるいは就職活動をする時に自分の能力をできるだけ正確に把握する必要があります。その時にいちばん大事なのは**卑屈《ひくつ》になってはいけないということです**。

卑屈とは、自分の力を信じる気持ちが足りなくて、必要以上に落ち込んでいる状態です。まず大事なのは、自分の力を信じること。自分の能力を疑《うたが》っても良いことは何もありません。自分を信じないと、力が湧《わ》いてこないので最善を尽《つ》くすことができません。自分が自分を信じなかったら、誰が信じてくれるのでしょうか。ただし、**自信を持つこ**

**とうぬぼれることは違います**。うぬぼれとは実際以上に自分が優れていると勘違いしてしまうことです。じゃあどうしたらいいのでしょうか？　謙虚になることです。**謙虚とは自分の能力をありのままに受け入れる態度**です。謙虚な態度でいるためには、自分よりもすごい人がたくさんいることを知ることが大切です。その人たちと自分の力の差を知ることで、自分がどれだけ頑張るべきかが分かってきます。また、自分の目標を達成するために必要な力を知り、それと今の自分の力の差を理解することも大事ですね。そして、その差を埋めるために努力することが大切です。努力とは「ある目的を達成するために、途中で休んだり、怠けたりせず、持てる能力のすべてを傾けてすること」（『新明解国語辞典　第六版』三省堂）です。

では、最後に〈興味〉について説明していきましょう。興味という言葉を辞書で引いてみると「あることに心が引かれて、おもしろいと思う気持ち」（『例解小学国語辞典』三省堂）と出ています。「自分はどういうことが好きなのか」「自分はどういうことに面白さを感じるのか」「自分は何をしたいのか」ということです。

# 「興味がない」は「知らない」だけ？

ことわざ

嫌いは知らぬの唐名《からな》

まずこのことわざについて説明します。「唐名」は、違う名前や別の名前という意味です。つまり、このことわざは、人が何かを「知らない」ということを認めたくない時、代わりに「嫌いだ」と言ってごまかすという状況を表しています。「……なんて好きじゃない」とか「……なんて興味がない」というのは実際のところ「……を知らない」だけのことが多いということです。

おさらいです。**適職は〈価値観〉〈能力〉〈興味〉の重なったところにあります**。〈価値観〉〈能力〉〈興味〉のうちの一つである〈興味〉のところがはっきりしないと適職探しに支障が出てきます。就職を間近に控えた時に「興味のあることが何もない……」という状況は好ましくありません。そういう状況に陥《おちい》らないためにどうするか。**学生時代に出来るだけ知っていることを増やしていく**ことです。なにせ知らないことには興味を持てませんからね。

若いうちは「まったく知らないこと」だらけかもしれません。最初は「まったく知らないこと」を少しだけ知っていることに変えていく。つまり、「詳しくは知らないけど、聞いたことはあるよ」というように変えていく。次に「少しだけ知っていること」の中から「詳しく知っていること」へと進み、その中から「興味のあること」あるいは「好きなこと」を見つけていく――そういう流れを意識的につくっていきましょう。現段階では、知っていることを増やすこと、そして興味のあることを増やしていくことを心がけましょう。**一〇種類の「興味のあること」を持っている人は一種類しか「興味のあること」を持っていない人よりも願望達成率が一〇倍高くなります**。

## 「興味」を入り口にして仕事について調べてみよう

将来、自分はどのような仕事をしたいのか。若いうちから考えておくことは重要です。やりたい仕事を見つけるために、まず、自分は何が好きかを考えるところから始めましょう。(中略)
「好き」を入り口にして思い浮かんできた仕事について、本を読んだり、大人に聞いてみたり、インターネットで検索したりして、深く調べてみるといいでしょう。

『なぜ僕らは働くのか』(池上彰《いけがみあきら》監修・Gakken)

「興味があること」や「好きなこと」が思い浮かんだら、それに関係する職業にはどういうものがあるかをインターネットや本で調べてみましょう。ただし、一つだけではなくて、最低でも三つ、できれば五つぐらいの「興味があること」「好きなこと」を選べるとよいでしょう。この段階では「世の中にはいろんな仕事があるんだなあ」ということが分かれば十分です。「自分が将来、就きたい職業を決める」という段階まで考える必要はありません。

中学生や高校生の段階で「何に興味がある？」「何が好き？」と聞かれると、「娯楽的《ごらくてき》趣味《しゅみ》」（マンガやアニメ、音楽、ダンス、スポーツなど）を答える人がたくさんいます。限られた情報にしか触れていないので無理もないことです。**自分の適職を探索《たんさく》する過程においては、こういった「娯楽的趣味」は除外して考えるのが原則**です。

「娯楽的な趣味」とは、勉強や仕事の合間にする息抜きや気晴らしです。たとえば、一定額のお金を払ってマンガを読んだり、音楽を聴いている人は息抜きや気晴らしをしているということです。「自分が楽しむのが娯楽、他人を楽しませるのが仕事」だということを頭の中に入れておきましょう。

ただし、自分でマンガを描いたり、マンガの評論を書いたりして世間に発表するという活動をしている人は「娯楽的な趣味」のレベルではなくて「特技的な趣味」のレベルにいる人です。こういう**「特技的な趣味」を入り口にして自分の適職を考えるのは問題ありません**。とはいえ、それは数ある候補の一つぐらいに留めておいて、他の選択肢についてもリストアップしておくことをお勧めします。

# 「具体と抽象《ちゅうしょう》の往復」で選択肢を増やす

「具体と抽象（の往復）」。その思考回路を持つと、
あなたの知的能力は劇的に進化する！

ビジネスコンサルタント　細谷功《ほそやいさお》
『「具体↑↓抽象」トレーニング』（ＰＨＰビジネス新書）

ここまで説明してきたように、自分に合った仕事を見つけるための手がかりは自分の〈価値観〉と〈能力〉と〈興味〉の三つです。この三つが重なったところから自分に合った職業がおぼろげながら見えてきても「めでたし、めでたし」とはいきません。なぜならば、自分がその職業に就きたいと思ったとしても、その職業に就けるとは限らないからです。**自分がある職業を選んだとしても、あなたがその職業から選ばれるとは限らない**ということです。

適職に就くためのポイントは「抽象と具体の往復」をしながら、**自分の適職に関して複数の選択肢を持つ**ことです。たとえば、ここに「キャビンアテンダント（以下ＣＡ）になりたい」という女性がいるとしましょう。この時、ＣＡだけに照準を合わせて学業に

励《はげ》み、就職活動をしても成功率は高くありません。

アドバイスとしては、「抽象と具体の往復」をすることです。「CAの仕事に興味がある」と思ったら、最初に「自分はCAの**仕事のどういうところに魅力を感じるのか**」を言語化してみる。つまり、抽象化の作業をするのです。「お客様に対して気を配りながらきめ細かいサービスを提供する仕事だから」とか、「世界中の国や町に行くことができる仕事だから」とか、「粋《いき》でおしゃれな制服姿に憧れる」とか、人によって答えは違うはずです。この抽象化の作業が終わったら、そういうことが出来る仕事はCA以外にどういうものがあるかを調べてみましょう。これが具体化の作業です。もちろん、CAも一つの選択肢として残しておきます。しかし、これ以外にもたくさんの選択肢がリストアップできるはずです。

目標がたった一つの点では実現性は高くありません。一つの点をまずは抽象化してみて、次にそこからたくさんの点に展開してみる。**点の数が増えれば、自分に合った仕事に就ける確率はがぜん高まるはず**です。

## 「苦しまずに努力を続けられること」から将来の仕事を探す

**ひらめきやセンスも大切ですが、苦しまないで努力を続けられるということが、何より大事な才能だと思います。**

**将棋棋士《しょうぎきし》　羽生善治《はぶよしはる》**

『NHKテレビテキスト　ギフト～E名言の世界～　2010年4月号』(NHK出版)

才能と努力は独立して存在しているわけではなく、密接に関係し合っています。「苦しまないで努力を続けられることが、何より大事な才能だ」というのは非常に合点がいきます。高いレベルのスキルや知識を身につけて一人前になるには「一万時間～二万時間のトレーニング」が必要だと言われます。苦しみながらこれだけの時間を何かに捧《ささ》げることはできません。

将棋棋士であっても世の中のすべてのことに努力ができるわけではありません。将棋が死ぬほど好きだから将棋に関しては努力ができるということにすぎません。自分の適職を探索《たんさく》する際、**「自分が苦しまないで努力できることは何か」**を考えることは自分の将来の仕事を考える上で大きなヒントを与えてくれます。

## ロールモデル（お手本）から将来の自分を考える

「好きなこと」「向いたこと」は何かと漠然《ばくぜん》と自分に向けて問い続けても、すぐに煮詰まってしまう。頭の中のもやもやは容易に晴れない。ロールモデル思考法とは、その答えを外界に求める。直感を信じるところから始まる。外界の膨大《ぼうだい》な情報に身をさらし、直感で「ロールモデル（お手本）」を選び続ける。たった一人の人物をロールモデルとして選び盲信《もうしん》するのではなく、「ある人の生き方のある部分」「ある仕事に流れるこんな時間」「誰かの時間の使い方」「誰かの生活の場面」など、人生のありとあらゆる局面に関するたくさんの情報から、自分と波長の合うロールモデルを丁寧に収集するのである。

経営コンサルタント　梅田望夫《うめだもちお》
『ウェブ時代をゆく――いかに働き、いかに学ぶか』（ちくま新書）

「ロールモデル」なんて耳慣れない言葉かもしれません。英語のつづりは「role model」となります。要するに**「自分がお手本にしたい人」**です。

自分の適職（自分に向いている職業）を探索していく時、自分の〈価値観〉と〈能力〉と

〈興味〉の三つを手がかりにしていこうという話をしました。しかし、そういうことを自分に問いかけてみても、なかなか明確な答えが出てこなくて煮詰まってしまうこともあるでしょう。いきなり抽象的なことを聞かれてもそうそう答えられるものではありません。そういう時は、ロールモデルから自分の適職を探していく方法が有効かもしれません。

以下の手順で進めます。**まずは「お手本にしたい人」「憧れる人」「この人はすごいなあと思う人」をできるだけたくさん探しましょう**。最低でも三人、できれば五人ぐらいの人を探せるといいですね。テレビやネットに登場する人、学校や塾の先生、身近にいる友人や先輩、アルバイト先の店長や先輩など、たくさんのロールモデルを探してみましょう。次に「その人たちの共通点は何だろうか?」「なぜその人をお手本にしたいのか?」「その人のどんなところに憧れているのか?」について自分に問いかけてみます。**その答えがあなたの心の中に隠れている欲望(「なりたい自分」)です**。その欲望から将来の自分の姿をじっくりと考えてみましょう。

# 自分を仕事に合わせていくことも大事

自分に合った仕事に就くってのはもちろん格好良いけどさ、
自分を仕事に合わせるってのも有りだと思うんだ

マンガ『銀の匙《さじ》 Silver Spoon』（荒川弘《あらかわひろむ》・小学館）

「自分に合う仕事」といっても、一〇〇パーセント自分に合う仕事を求めない方がいいかもしれません。そんなものはなかなか世の中に存在しないからです。**六〇%ぐらい自分に合っていればそれで十分だと考えましょう**。ある程度妥協《だきょう》することの勧《すす》めです。

じゃあ六〇%のままで仕事を続ければいいのか。そうではありません。その六〇%を八〇%に持っていくよう努力します。それは自分を仕事に合わせていくことです。また、自分を組織風土や周りの人に合わせていくことです。**自分は金属のような硬いものではなく、粘土《ねんど》のような柔《やわ》らかいもの**だと考えましょう。

自分をやわらかくして仕事に合わせていく

## 「自分が分からない」ことは悪いことじゃない

「わからない」は悪いことじゃない。自分の世界を広げてくれるきっかけになる経験だと思います。

「わかる」ことは、「すぐわかる」から来たときは浅い。「わからない」から「腹が立つ」、だから「考える」、そして「わかった！」となったほうが深い。さらに、「わかった！」から「自慢する」、でも「みんながわかってくれない」、「悔しい」、だから伝え方を「工夫する」、そうしたら「みんなにもわかってもらえた！」……というふうに何層にも重なって「わかる」に至るときに、深く「わかる」ものだと思います。

「『わからない』からこそ、『わかる』が深くなる」『教育とはなんだ』（重松清《しげまつきよし》編著・ちくま文庫）

数学者　新《あら》井《い》紀《のり》子《こ》

**就職とは職業（会社）と自分のマッチング**です。すでに説明したように、自分と職業（会社）が合っていれば自分の活動能力が高まり、気持ちよく働くことができます。合っていなければ自分の活動能力は低くなり、気持ちよく働けません。こうなると、仕事はストレス以外の何ものでもありません。

職業（会社）と自分をマッチングするためには「世の中にはどういう職業があって、それぞれの職業はどういうことをするのか」（職業理解）ということ、「自分はどういう人間なのか」（自己理解）ということの両方がおおよそ分かっている必要があります。前者（職業理解）はともかくとして、後者（自己理解）はたいへん難しいです。すらすら述べられる人は分かったような気になっているだけかもしれません。非常に浅い自己理解に留まっているケースもあるでしょう。すらすら述べられないのが当たり前で**「自分がよく分からない」のが普通**なのです。

「分からない」からあれこれ考える。やっとのことで分かったような気になって他人に自分のことを説明してみる。だけど相手は分かってくれない。仕方ないからまたまた考える。伝え方を工夫してみる——こういう試行錯誤《しこうさくご》を続けていくうちに浅い自己理解から深い自己理解へ進んでいきます。だから、自分が分からないことは悪いことではありません。

「7 章」

# 「寿《じゅ》命《みょう》が
# 一〇〇歳《さい》の時代」に
# どう働くか？

「人生一〇〇年時代」という言葉を聞いたことがありますか？　これは、平均寿命が延び、一〇〇歳まで生きるのが当たり前になる時代という意味です。日本などの先進国では二〇〇七年生まれの二人に一人が一〇〇歳を超えて生きると予想されています。ただし、「寿命はそこまで延びないだろう」という予想も最近になって出てきています。まあ、どちらにせよ「人生一〇〇年時代」に備え、自分の働き方や生き方を考えていけば間違いありません。

　さて、ざっくり言うと、昭和は「寿命が八〇歳の時代」、令和は「寿命が一〇〇歳の時代」と言えます。昭和と令和では働き方や生き方についての基本的な考え方が変わってきます。昭和の常識は令和の非常識というケースも多々あります。こういう違いを理解した上で、自分は「これから何を中心に勉強していこうか」「将来、どういう職業に就こうか」「一〇〇歳までの人生をどう生き抜いていこうか」についての作戦を立ててみましょう。

# 人生一〇〇年時代の設計は中高生から

人生一〇〇年時代の設計は実は「定年後の問題」ではない。六〇歳になってから、人生一〇〇年の設計を始めるのでは遅すぎるのだ。五〇歳でも遅い。むしろ、自分の将来を真剣に考え始める高校生ぐらいから、人生一〇〇年時代の設計を考えた方がいい。

ジャーナリスト　相川浩之《あいかわひろゆき》

note(「なぜいま、『人生100年時代』と言われるのか?」)

今から三〇年ぐらい前、「人生八〇年時代」という言葉を週刊誌や書籍でよく見かけました。「人生八〇年時代」とはだいたい人間は八〇年ぐらい生きるというような意味です。当時は定年退職が六〇歳でしたから「定年後の二〇年間をいかに充実して過ごすか」というテーマについて盛んに議論されていた記憶があります。

さて「令和4年簡易生命表の概況《がいきょう》」(厚生労働省)によると、二〇二二年の日本人の平均寿命は、男性八一・〇五歳、女性八七・〇九歳となっています。医療の進歩、食生活の改善、健康意識の向上などにより、今後も寿命が延びることが予想されており、もう

**間もなく「人生一〇〇年時代」（一〇〇歳まで生きるのが当たり前の時代）が来る**と言われています。

「人生八〇年時代」と「人生一〇〇年時代」では仕事や働き方に関する考え方が根本的に変わってきます。

一番の変化は「何歳ぐらいまで働くのか」という見通しです。「人生八〇年時代」では六〇歳で定年退職する人が多数であり、肉体的精神的に元気な人は七〇歳ぐらいまで働いていました。今から五〇年後――皆さんが六五歳ぐらいになる時――は「人生一〇〇年時代」が到来しており、当然のことながらこの数字が変わってきます。その人の健康状態や仕事によって大きな差が生じるものの、七五歳から八〇歳ぐらいで定年退職するのが一般的であり、元気な人は九〇歳ぐらいまで働き続けるような社会になっていると予想できます。

二〇歳前後で働き始めて「七五歳から九〇歳ぐらい」で仕事から引退するという人生を考えると、**職業に携《たずさ》わる期間がずいぶんと長い**ですね。この間、「自分はどういう仕事をして生きていくか」をなんとなくでもいいから考えておく必要があります。

## 「ゼネラリスト」から「連続スペシャリスト」へ

専門性の低いゼネラリスト的なマネジメント技能は、特定の企業《きぎょう》以外で通用しない場合が多い。しかも専門性の低い技能は、ウィキペディアやグーグル・アナリティクスのようなオンラインサービスによって急速に取って代わられつつある。終身雇用《こよう》や長期雇用が揺《ゆ》らいだ世界では、こういうタイプの技能しかもっていないと、袋小路《ふくろこうじ》にはまり込《こ》みかねない。

要するに、未来の世界で成功を収めたければ、高度な専門技能と知識を身につけるべきなのだ。そのためには、まず未来にどういう技能と知識が価値をもつかを見極める必要がある。そのうえ、リスクを回避するために、複数の専門分野に習熟しなくてはならない。ひとことで言えば、連続スペシャリストになることが不可欠なのである。

経営組織論学者 **リンダ・グラットン**

『ワーク・シフト　孤独と貧困から自由になる働き方の未来図〈2025〉』池村千秋・訳(プレジデント社)

リンダ・グラットンはここで「連続スペシャリスト」という興味深い言葉を使ってい

ます。日本語に訳せば「専門技能の連続的習得者」となるでしょうか。

「連続スペシャリスト」について理解を深めるには、「ゼネラリスト」と「スペシャリスト」の違《ちが》いを理解する必要があります。「ゼネラリスト」とは、広範囲《こうはんい》の分野について知識を持ち、さまざまな分野の担当者たちをまとめ上げる役割を担う人（総合職）を指します。一方、「スペシャリスト」とは、ある特定の分野において突出《とっしゅつ》した知識や技術、経験を持つ人材を指します。これまでもゼネラリストかスペシャリストかという区分けは存在しました。彼女はこの区分けに「連続」という言葉を加えて「連続スペシャリスト」という言葉を作りだしました。

では「人生一〇〇年時代」と「連続スペシャリスト」はどうつながっているのでしょうか。人間の寿命と会社の寿命を比べることでこの二つの関係が見えてきます。

人生一〇〇年時代とは一〇〇歳まで生きるのが当たり前の時代です。一方、会社の寿命は人間ほど長くありません。日本の企業《きぎょう》の寿命はどれぐらいでしょうか？　業種や企業規模によって異なってきますが、だいたい二五年から三〇年ぐらいだと言われています。

二〇歳で働き始めて八〇歳で仕事を辞めると考えると、職業人生は六〇年ということになります。会社の平均寿命が二五年から三〇年程度なので、一つの会社でずっと働き続けるのは難しいということになります。**ほとんどの人は好むと好まざるとにかかわらず複数の会社を渡《わた》り歩いていかねばなりません**。

そういう状況《じょうきょう》のなかで、ゼネラリストかスペシャリストかという選択肢《せんたくし》を吟味《ぎんみ》しなければなりません。グラットンは「専門性の低いゼネラリスト的なマネジメント技能は、特定の企業以外で通用しない場合が多い。……終身雇用や長期雇用が揺らいだ世界では、こういうタイプの技能しかもっていないと、袋小路にはまり込みかねない」と言います。

要するに、スペシャリストに比べてゼネラリストは「つぶしがきかない」ということです。「つぶしがきかない」とは、これまでに培《つちか》ってきた経験や能力を他の会社で活かすことが難しいということです。

彼女が勧《すす》めるのは、**高度な専門技能と知識を身につけた「スペシャリスト」として生きる**道です。そうは言うものの、若い時期に身につけた一つの専門技能だけでずっと安《あん》泰《たい》というわけにはいきません。絶えず自分の専門性をアップデート（更新《こうしん》する、改訂《かいてい》する、最新の状態にするという意味）していくこと、一つの専門分野に安住するのではなく**複数の専門分野を持つこと**を彼女は勧めています。

## 最初の仕事選びは当てにならない

最初の仕事はくじ引きである。最初から適した仕事につく確率は高くない。しかも、得るべきところを知り、自分に向いた仕事に移れるようになるには数年を要する。

経営学者 ドラッカー
『非営利組織の経営』(ダイヤモンド社)

学校を卒業して働き始める時、ほとんどの人はどこかの会社に就職することになります。もちろん自分で会社を選ぶのですから、くじ引きで決めるわけではありません。しかし、その選択にどれぐらいの合理性があるのかとなるとおおいに怪しいものです。

仕事を選ぶ作業は要するに自分と職業のマッチング(何かと何かを適切に結びつけること)です。しかし、このマッチングがたいへんに難しい。実際にその仕事をしてみるまでその職業や会社、経営者の実態はよく分かりません。また、私の経験上、実際に働いてみるまではアイデンティティ(「自分は何者か」という自己認識)ははっきりしません。**学生時代のアイデンティティと社会人になってからのそれとの間には少なからぬずれがありま**

**す**。よく分からない自分とよく分からない職業をマッチングするのですから両者がぴったり合うはずはありません。

私の場合、数学や化学が得意だったので工学部に進み、大学卒業後は製造業での研究職に就きました。しかし、実際にその職業に就いてみると自分がまったくそれに向いていないことが分かりました。〈価値観〉〈能力〉〈興味〉のすべての面で合っていないことを身にしみて感じました。

学生時代にどれだけ一生懸命にキャリア教育に励《はげ》んでもミスマッチという問題は避けられないと思います。ですから、最初の仕事選び、最初の会社選びは、くじ引きであるという表現もまんざら間違ってはいないのです。くじ引きなのだから**「最初から適した仕事に就く確率は高くない」**のは当然かもしれません。

橘玲《たちばなあきら》は「転職しなければ適職には出会えない」（『2億円と専業主婦』マガジンハウス）とまで言います。私は大学でキャリアカウンセラーの仕事をしていた時に「大学時代はいろんな経験を積むために複数のアルバイトをしよう」とアドバイスしていました。同様に三五歳までは**いくつかの会社で複数の職種を経験し、多様な経験をするのがいい**と思います。多様な経験は自分の可能性を広げてくれ、新たな自分を発見するきっかけになります。とは言ってもそう何度も転職するわけにもいきません。「転職は三五歳までに二回」という基本原則があります。

いろんな仕事を経験してみるために、社内での配置転換《てんかん》を有効利用しつつ、この二回のチャンスを無駄にしないこと——そういうことを将来に備えて覚えておきましょう。

# 転職は良いこと？　悪いこと？

## 転がる石には苔《こけ》が生えない

ことわざ

転がる石を「転職を繰《く》り返す人」になぞらえてみましょう。そうすると、このことわざはまったく逆の二つの解釈《かいしゃく》が可能になります。一つは、職業を転々としている人は知識も技術も身につかず、高い地位にもつけず、お金も貯まらないという解釈です。この場合は、苔を良いもの（知識や技術、地位、お金など）に見立てています。

もう一つは、一つの場所に安住しているといつのまにか時代遅れになってしまうという解釈で、逆に言うと、**適度に転職することで時代に取り残されることなく活《い》き活《い》きとしていられる**という解釈です。この場合は苔を悪いもの（垢《あか》やゴミ）に見立てています。

ざっくりと言えば、前者の解釈は昭和的、後者の解釈は令和的です。昭和の時代、転職に良いイメージはありませんでした。

私が二七歳で最初に入った会社を退職した時はずいぶん肩身《かたみ》の狭い思いをしたものです。当時、転職はやむにやまれず行うことであり、転職するたびに会社の規模は小さくなり、給料も減っていくのが一般的でした。

一方、令和の時代、転職に悪いイメージはほとんどありません。ブランク（仕事に就いていない時期）はともかくとして**転職はマイナスではありません**。業種や職種によっては、目的意識があって出来の良い社員ほど会社を移るにつれて給料が上がり、自分のやりたい仕事に近づいていく一方で、目的意識に乏《とぼ》しくてなかなか良い結果を出せない社員ほど同じ会社に長く居続けるというケースさえ見られます。

# 仕事でどういうスキルを身につけられるかを吟味《ぎんみ》する

## 石の上にも三年

ことわざ

このことわざは「冷たい石の上でも三年間座り続ければ暖まる」の意味です。昭和の時代、学校を卒業して就職した若者に対して「石の上にも三年だよ」ということがよく言われました。「三年間、辛抱《しんぼう》すれば仕事や人間にも慣れてその会社になじむことができるよ」という意味、あるいは「すぐに会社を辞めたくても三年は辛抱しなさい」という意味で使われました。

令和の時代、「石の上にも三年」はどういう解釈が妥当《だとう》なのかを考えてみましょう。今や、人生で一回や二回の転職は当たり前です。昭和のように「石の上にも三年」という言葉に囚《とら》われて転職を思いとどまる必要はありません。ただ、自分の年齢と在職年数には注意が必要であったりします。一般的に言われているのは、一回目の転職、二回目までの転職はそれほど難しくないものの、三回目以上の転職になると成功率はどんどん下がっていくということです。三五歳ぐらいまでに、最初の就職（一社目）から数えて

**三社目までに自分が長く働けるような場所を見つけられるように努力をする**――これが一つの目安です。みんなにとって就職はともかくとして、転職なんてまだまだ先のことかもしれませんが、将来に備えて心に留めておいてください。

転職する際に問われるのが**「あなたはどういうスキルを持っていますか」**ということです。スキルとは経験や訓練によって身につけた技能です。

スキルは、特定の企業の中でしか通用しないスキル、同じ業界や同じ職種の中で通用する専門的なスキル、（テクニカルスキル）、業界や職種の垣根《かきね》を越えてどんな仕事でも通用する汎用性《はんようせい》の高いスキル（ポータブルスキル）に分けられます。

会社で働き始める時、自分はこの会社でどういう「テクニカルスキル」を身につけられるか、どういう「ポータブルスキル」を身につけられるかを考えてみましょう。会社がつぶれたり、自分の所属する部署がなくなったりしても影響を受けないようなスキルや経験を積み重ねていくことが大切です。**どこでも通用するような専門性を身につけることを目指しましょう**。

## 「とりあえず会社に入ろう」は本当に正解？

サラリーマン・ＯＬを人生の選択肢から除外して考えることは、今の時代、普遍的なシミュレーションではないだろうか。サラリーマン・ＯＬを人生の選択肢《せんたくし》から除外し、さらに、「もし商売をやるんだったら、自分はどんな商売をしたいか」「もし店をやるんだったら、自分は何を売りたいか」「もし会社をおこすのだったら、自分はどういう会社を作りたいのか」と考えることは、自分が何をやりたいのかを鮮明にしてくれる。

作家　村《むら》上《かみ》龍《りゅう》
『13歳のハローワーク』（幻冬舎）

日本の場合、「就職」（職業に就くこと）とは言いながら、実際には「就社」（会社に入ること）というケースが一般的です。「自分がどういう仕事をしたいかがよく分からない」。仕方なく「ひとまず大きな会社に入ろう」。そうすれば、会社が「何をしたらいいか」を指示してくれるという流れです。こういう思考回路に陥《おちい》らないためにはどうしたらいいのでしょうか？

**「サラリーマン・ＯＬを人生の選択肢から除外して考える」**のは一

つの有効な方法です。そうすることで、自分が何をやりたいか、自分がどういう職業に就きたいかが鮮明になってきます。

「これから自分がどのような道を歩んでいきたいか」を考えて、そのために必要な知識や技能を身につけ、経験を積み重ねていく過程を「キャリア形成」と言います。このキャリア形成は二つのパターンがあります。

一つは「会社主導のキャリア形成」です。これは、会社が従業員のキャリアを計画し、指導していくアプローチです。会社がスキルや経験の獲得を促進《そくしん》し、昇進《しょうしん》や転職の機会を提供します。もう一つは「個人主導のキャリア形成」です。これは、個人が自分のキャリアを主体的に計画し、自己成長を追求するアプローチです。

今後、会社主導のキャリア形成がどれぐらい有効なのかは、はなはだ疑問です。会社主導のキャリア形成は別の言い方をすれば会社任せのキャリア形成です。あくまで**自分主導のキャリア形成がメイン（主なもの）であり、会社主導のキャリア形成はサブ（補助的なもの）**と考えましょう。自分の人生をつくっていくのは会社ではなくあくまで自分であり、自分の人生に責任を持てるのは自分だけです。

# 女性の働き方は変わってきている

## 専業主婦は2億円損をする

作家 橘玲《たちばなあきら》
『2億円と専業主婦』(マガジンハウス)

「結婚したら専業主婦になりたい」――独身女性の三人に一人がそういう願望を持っていることがいくつかの調査で分かっています(ソニー生命保険による「女性の活躍に関する意識調査2019」など)。

独身女性が専業主婦を望む背景には何があるのでしょうか? 一番の理由は正社員として一生働くのはしんどそうということでしょうか。そのほか、正社員の場合、家事と仕事の両立が難しそうとか、友人とランチに行ったり習い事をしたりという時間を確保できないとかの理由もあるでしょう。今の時代、どういう仕事に就くか、どういう人と結婚するか、結婚した後は専業主婦になるのかそれとも働き続けるのか――ということは自分で選ぶことができます。だから、専業主婦を目指すのは個人の自由です。しかし、そう決める前にいくつかの現実を知っておくことは役に立ちます。

一つ目は、**結婚した後に働かないのはそれだけ金銭面《きんせんめん》で損をする**ってことです（『2億円と専業主婦』）。女性の生涯《しょうがい》賃金は学歴によって異なっていて、大学・大学院卒で二億一五九〇万円強、高専・短大卒で一億七六三〇万円、高校卒で一億四八三〇万円です。専業主婦になる（結婚の後に正社員として働かない）という選択はこの生涯賃金を放棄《ほうき》することになります。この生涯賃金の差は将来、支給される年金の差につながってきます。

二つ目は、**今の時代、専業主婦になれる可能性が低い**ということです。第一に「自分の奥さんに専業主婦になってほしい」と考える男性が少ないからです。一〇年ぐらい前だと五人に一人ぐらいだと言われていましたが、今はもっと少なくなっています。第二に、一家の生活費を一人でまかなうことができる高収入の男性はほんの一握《ひとにぎ》りしかいないからです。独身男性の年収の平均はだいたい「年齢×一〇万円」だと言われています。三〇歳で三〇〇万円、三五歳で三五〇万円です。この収入で一家の生活を支えていくことはできません。それでも自分は年収の高い男性を頑張って見つけるという人もいるかもしれません。しかし、女性が男性に求める条件は経済力だけではなくて、外見、人柄の良さ、共通の趣味、価値観が似ていること、子育てや家事の能力があること、両親との相性など様々な理由があるはずです。そういうもろもろのことを考えると、理想の男性と結婚できて専業主婦になれる可能性は低いことが分かるはずです。

三つ目はいったん**専業主婦になれたとしても、その状態を生涯にわたって継続していけるとは限らない**ことです。

三六%——これはどういう数字かというと日本の離婚率です。つまり三組に一組の夫婦が別れているわけです。離婚して一人になれば働かなければいけません。ここで注意したいのは、離婚せずに結婚を続けている専業主婦の場合であっても、すべてが望んでそうしているわけではないということです。離婚すると自分一人の稼《かせ》ぎで衣食住をまかなうことができないので、仕方なく夫との結婚生活を続けている人も少なくありません。

離婚以外にもリスク（危険や問題が発生する可能性）はあります。夫が会社をリストラになって失業をしたり、病気になって働けなくなったりするというような状況は珍《めずら》しくありません。夫が若くして亡くなることだってあります。こういう場合でも、働かなければなりません。

今の時代、結婚する場合であっても、**出産や育児という出来事に応じて柔軟に働き方を変えながら、上手に働き続けるのが堅実《けんじつ》で賢い生き方かもしれません**。ある人は結婚生活を飛行機に喩《たと》えます。夫婦で働けばエンジンは二つ、夫しか働かなければエンジンは一つ。どっちがリスクが少ないでしょうか。言うまでもありませんね。エンジンが二つあれば一つが止まっても飛び続けられます。

また、生涯にわたって結婚しない女性もけっこういます。二〇一五年の国勢調査では女性の七人に一人が生涯未婚（男性の場合は四人に一人）です。したがって女性でも男性でも「自分はずっと結婚しないで生きることになるかもしれない」と考えて将来の仕事や生活の計画を立てる必要があります。

結婚するにせよ、結婚しないにせよ、しっかりと基礎学力をつけることが大事です。その上で自分はどういう仕事で食べていくかを真剣に考えなければいけません。「女の子なんだから勉強なんて頑張らなくていい。お嫁に行けばいいんだから」というのは昭和的な時代錯誤《さくご》の物言いです。

# 人工知能（AI）は仕事の世界をどう変えるのか？

仕事は「意思決定」と「作業」に分解され、このうち「作業」に関しては、相当部分がAIに取って代わられる……「自分で何をするか決める仕事」は残り、「人から言われてやる仕事」はAIに取って代わられる。

人工知能研究者　川《かわ》村《むら》秀《ひで》憲《のり》
『10年後のハローワーク』（アスコム）

　162ページで私は、スペシャリストに比べてゼネラリストは自分が培ってきた経験や能力を他の会社で活かすことが難しいのでスペシャリストを目指そうという戦略を示しました。ここでは、漫然とホワイトカラー（オフィス内でパソコンに向かって事務的な仕事をする人）を目指すのではなく、生成AIに代替されにくい仕事——取って代わられにくい仕事——を目指そうという戦略について説明したいと思います。

　生成AIとは、文章・画像・音楽などを自動的に生成する人工知能（AI）のことです。こういう生成AIが世の中に登場してきたことでオフィス内の仕事はこれからどう変化していくのでしょうか。冨山和彦《とやまかずひこ》は『ホワイトカラー消滅』（NHK出版新書）のなかで

「……オフィスでパソコンを前に働くビジネスパーソンと呼ばれる人々の大半は必要なくなる」と述べています。

実際のところ、生成ＡＩは情報の収集、文章の要約、報告書や企画書の作成、外国語の翻訳、データの分析、アイデア出しなどで活用され始めています。生成ＡＩは単純な事務作業を自分の代わりにやってくれる〝疲れを知らない超優秀な部下〟のような存在です。同時に、高度なデスクワークを進めていく時になんでも気軽に聞ける〝博識で切れ者の相談役〟のような存在でもあります。

オフィスでパソコンを前に働く会社員はたいてい何人かでチームを作って仕事をしています。一人のボスがいて、その下に数人の部下がいます。

ボスの仕事は多岐にわたっています。課題や問題点を見つけて方針を立てたり、情報を集めて分析した上で意思決定をしたり、部下にするべき仕事の指示を出したり、他のチームと打ち合わせをしたりというように多くの業務をこなす必要があり、こういう仕事は「正解のない仕事」ですから生成ＡＩにはできません。

それに対して、ボスからの指示に従って動く部下の仕事は「正解のある仕事」ですから、かなりの部分が生成ＡＩに置き換わっていくでしょう。というのも、ＡＩの持っている圧倒的な知識量、データ処理能力、論理力、スピード、二四時間・三六五日働き続けられる力、多言語対応能力などに生身の人間はとても敵《かな》わないからです。要するに、自分で問いを立て、自分で戦略を決め、自分で意思決定するような〈高度なデスクワーク〉は残り、人から指示されてやる〈一般的なデスクワーク〉はＡＩに代替されるということです。

こういう変化を知れば、漫然とホワイトカラーを目指すという戦略は好ましくないことが分かるでしょう。もちろん、すべての事務的な仕事がＡＩによって代替されるわけではありません。部下の仕事はどんどん縮小していきますが、ボスの仕事はそのまま生き残ります。

したがって、〈高度なデスクワーク〉をする人を目指すのも一つの選択肢ですが、他方でＡＩに代替されにくい仕事を目指すのも賢明な選択肢です。前者はエリート向き、後者は一般人向きだと私は思います。

ではＡＩに代替されにくい仕事にはどういうものがあるのでしょうか？　冨山和彦はエッセンシャルワーカーとノンデスクワーカー技能職をＡＩに代替されにくい仕事として挙げています。

エッセンシャルワーカーとは、社会が日常生活を維持するために欠かせない職種のことです。医療関係職（医師、看護師など）、公共安全関係職（警察官、消防士など）、食料品関連職（農業・漁業従事者、食料品店の店員など）、公共サービス提供職（清掃作業員、郵便局員、上下水道電気ガスの保全スタッフなど）がこれにあたります。

ノンデスクワーク技能職とは、デスクワークを主な業務としない技能職のことを指します。医療関係職のほか、建設・土木職（大工、電気技師、プラントメンテナンス技術者など）、製造・加工職（工場作業員、機械設置・修理技術者、溶接工など）、サービス職（バーテンダー、理美容師など）がこれにあたります。

これらの仕事は、高度で細かい手作業、現場で手足を使ってする仕事、経験に基づく直感が必要な業務、人間の感情に寄り添った対人スキルなどが求められるため、ＡＩに代替される可能性が低いと考えられます。

最後にこれまで説明してきたこととは違った視点で「ＡＩに取って代わられないこと」、すなわち「人間にしかできないこと」について触れておきます。

川村秀憲は「ＡＩには『意思』がない

AIの知識量には敵わないけれど……

……意思がなければ『何をしたいか』という欲求そのものが存在し得ない」（前掲書）と述べています。意思とは自分の思いや考え、希望、欲望、信念などを含んだ「何かをしたい！」という気持ちのことです。意思を持つことは創造的な活動をするための出発点です。ＡＩが活躍する時代に人間がするべきことは「世の中に何かよいものや美しいものを生み出そうとする意思を持つこと」なのではないでしょうか。

8
章

# なぜ私たちは働くのだろう?

6章の『『自分の将来』について考えてみよう』では「自分に合った職業を探し当てるにはどうしたらいいのか」を考え、7章の『『寿命が一〇〇歳の時代』にどう働くか？』では昭和の価値観と令和の価値観を比較しながらこれからの仕事の在り方について考えてきました。6章も7章も「働くこと」がテーマになっています。では、そもそも私たち人間はなぜ働くのでしょうか？　8章ではそういう基本的なところに立ち返って「働く理由」について考えてみます。

「なぜ私たちは働くのだろう？」というテーマへの迫り方はいろいろあります。私の場合、人間はどういう特徴を持った生きものなのか、仕事をすることで何が得られるのか、仕事と「趣味や遊び」はどう違うのか、仕事とそれ以外の生活のバランスをどう取るべきか——そういう視点からこのテーマを掘り下げていきました。

「なぜ私たちは働くのだろう？」という問いに対する正解はありません。ここに書いてあるのは私の考えです。みんなは私の考えを参考にしながら、自分なりの答えを見つけて下さい。自分なりの答えが見つかると、働き始めることへの恐れが小さくなり、働く意欲がふつふつと湧《わ》き出てくるのではないかと私は思います。

# 仕事は他人のためにする行為である

職業を観察すると、職業というものは要するに人のためにするものだという事に、どうしても根本義をおかなければなりません。人のためにする結果が己のためになるのだから、元はどうしても他人本位である。

作家 夏目漱石《なつめそうせき》
『私の個人主義』（講談社学術文庫）

老人ホームで高齢者のお世話をするという仕事をイメージしてみましょう。食事介助《かいじょ》（食べ物を口に運び、飲み込みを確認する）、入浴介助（髪や体を洗うことを補助する）、排泄《はいせつ》介助（トイレに誘導する、排泄物を拭《ふ》き取る、おむつを交換する）などが業務の一例です。なぜ、これが仕事として成り立つのかというと、高齢者が自分の力でそういうことができないからであり、「自分の身の回りの世話を自分に代わって誰かにしてほしい」と思っているからです。要するに**他人の困りごとが仕事の根本にある**ということです。

もちろん仕事をすれば給料がもらえます。また、「ありがとうね」とか「本当に助かったわ」と言われることで、仕事にやりがいを感じたりすることもあります。つまり仕事は自分のためにもなるのです。しかし、それは他人のためにする行為の結果として自分のためになるということにすぎません。

次に文房具メーカーでシャープペンシルの商品開発をする仕事をイメージしてみましょう。シャープペンを卸《おろ》している店を訪問するとお客様から寄せられる声をたくさん聞くことができます。「シャープペンの芯《しん》がすぐに折れる。芯が最後まで使えなくてもったいない。持ちにくくてだんだんと疲れてくる」――こういうお客様の不満や困りごとを解決するのが物作りの出発点です。自分が欲しいもの、自分が作りたいものを作ることではありません。

基本的に**仕事は「他人のため」にすることであり、結果として「自分のため」にもなる**ということです。要するに仕事は「世のため人のため」であると同時に「自分のため」にもなるのです。これは学ぶこと、勉強することが「社会のため」であると同時に「自分のため」でもあるということと似ていますね。

# 自分の生活は他者の仕事のおかげで成り立っている

私は一日に一〇〇回、自分に言い聞かせます。私の精神的ならびに物質的な生活は、今も昔も他者の労働の上に成り立っているということを。そして自分が受けてきたことや、今も受け続けている恩恵《おんけい》と同じ分だけ返せるように尽力《じんりょく》しなければならないということを。

物理学者 アインシュタイン

『アインシュタイン　希望の言葉』（ワニブックス）

まずは、私の生活全般《ぜんぱん》は他者の仕事によって成り立っているということ――別の言い方をすれば、**他者の仕事がなければ私の生活全般は成り立たない**ということ――を確認しましょう。

自分が日々、食べているもの（ご飯やパン、肉や魚、野菜や果物など）、使っているもの（服や靴、文房具、スマホなど）、使っているサービス（水道、電気、ガス、鉄道、バスなど）を思い浮かべてみましょう。何一つ自分が作ったもの、自分が作ったサービスはありません。仕事をしてくれている誰かがいて、その仕事によって生み出されたものやサービスを自分が享受《きょうじゅ》できるのです。

言われてみれば当たり前のことですね。しかし、こんな当たり前のことを私たちはついつい忘れてしまうのです。あなたの生活が他人の仕事によって支えられているのだから、ある時期になったら、あなたは自分の仕事によって他人の生活を支えなければいけない。**お互いが支え合い、協力し合うことで社会が滞《とどこお》りなくまわっているのです**。これは一つの分かりやすい論理です。

学校で勉強する立場から会社で働く立場に変わるということは、一方的に恩恵（自分に豊かさや幸福、利益をもたらしてくれる物事）を受け取っていた立場から、**他者に恩恵を与える立場に変わる**ことです。ここで、忘れがちなのは、自分が生まれてきてからこれまでに受けてきた恩恵も考慮《こうりょ》に入れなければいけないってことです。これまでに受けてきた恩恵、今も受け続けている恩恵と同じ分だけ返せるように最善を尽《つ》くしたいですね。

# 働く理由は「お金」と「務め」と「やりがい」の三つ

……与えられた持ち場で、目の前の仕事に挑《いど》みながら「カセギ」と「ツトメ」の両立を実現する。さらに、その延長線上で、世の中をよりよい方向に変えるために力を尽くす。それが働くということではないかと、これまで繰り返し語ってきた。

一般財団法人日本総合研究所・会長／多摩大学・学長 寺島実郎《てらしまじつろう》
『何のために働くのか』（文春新書）

一八歳以上の日本人に「働く目的」を聞いた内閣府の調査（二〇一六年実施《じっし》）を見てみると、「お金を得るために働く」と答えた者の割合が五三・二％、「社会の一員として、務めを果たすために働く」と答えた者の割合が一四・四％、「自分の才能や能力を発揮するために働く」と答えた者の割合が八・四％、「生きがいを見つけるために働く」と答えた者の割合が一九・九％となっています。

この調査における「お金を得るために働く」のが寺島氏の「カセギ」、「社会の一員として、務めを果たすために働く」のが寺島氏の「ツトメ」に対応しています。では、

「自分の才能や能力を発揮するために働く」や「生きがいを見つけるために働く」という答えはどういうことでしょうか。この二つの答えと寺島氏の「世の中をよりよい方向に変えるために力を尽くす」を「やりがい」という言葉でまとめましょう。

結局のところ、**働く理由は、①お金（お金を稼ぐため）、②務め（社会の一員として務めを果たすため）、③やりがい（やりがいを感じるため）**――の三つに整理することができます。

お金と務めの結びつき方は明快です。社会の一員としての務めを果たすとその対価としてお金を受け取れる。別の言い方をすると、他人の困りごとを解決する対価としてお金を受け取れる。

ではやりがいと他の二つの関係はいかなるものでしょうか？　社会の一員として務めを果たすことでやりがいを感じられるとか、お金を稼《かせ》ぐことでやりがいを感じる――もちろんこれも間違ってはいませんが、やりがいの一つの側面をとらえているにすぎません。お金や務めに比べてやりがいというのは何だかとらえどころがありません。**やりがいとは一体全体どういうことなのでしょう？**　以下、それについて詳しく見ていきましょう。

# 仕事がもたらす「やりがい」の正体

人生の意味とその充実は、働くことの意味とその充実とともにあり、働きがいは生きがいにつながっている。働くことがもたらす個々の意味は、自己の表現・実現、自己の成長、社会への貢献《こうけん》、他者との絆《きずな》・他者からの評価などである。それらは、すなわち、生きることの充実につながるものである。

経済学者　杉村芳美《すぎむらよしみ》
「人間にとって労働とは」『働くことの意味』(ミネルヴァ書房《しょぼう》)

仕事のやりがいとは、仕事をしている最中あるいは仕事を終えた後の充足感《じゅうそくかん》、手応え、張り合いのような意味です。

では、どんな時にやりがいを感じられるでしょうか？　それは、**他者からの賛辞の言葉や感謝の言葉をもらった時**です。賛辞の言葉というのは「すごい！」とか「えらい！」というような言葉です。感謝の言葉とは「ありがとう」とか「助かったわ」という言葉です。私たちは他人からこう言われるとうれしくなります。思わず顔がほころび、疲れなんて吹き飛んでしまいます。それは自分の存在を他人から認められたからです。

そういう時に感じる喜びを私たちは「仕事のやりがい」と呼びます。

仕事で感じるやりがいの正体を明らかにするためにここで一つの思考実験をしてみましょう。思考実験とは実際に実験するのではなく、頭の中で〝実験〟をしてみることです。

あなたはいま六五歳です。あなたが一五歳だとすると、五〇年後にタイムスリップしたことになります。年金が月に一五万円ほど入ってきます。持ち家なので家賃を支払う必要はありません。水道光熱費を含めて月額の生活費は二五万円ほど必要です。この金額と年金との差額一〇万円は貯金で補充《ほじゅう》することになります。九五歳ぐらいまで（あと三〇年）生きたとしても貯金が尽きることはなさそうです。大学を卒業してから六五歳まで真面目に働き続け、十分に務めを果たしたという自負もあります。

そうであるならば、退職後の毎日は心晴れやかで楽しいはずです。しかし、義務感から解放された心地よさを感じる一方で、一抹《いちまつ》の寂しさを感じてしまうのも事実なのです。

さて、どうしてでしょうか？

## 仕事の意味は「食べていくため」だけではない

働きはじめたとき、最初はだれもがあまりの束縛《そくばく》の多さにショックを受けるだろう。一方、仕事を引退するとき、引退をまち望んでいたか、いないかにかかわらず、人生のひとつの時代が永遠に終わったことを感じるだろう。

そのとき、人生における仕事の意味があらためて見えてくる。自分はもう「無職」なのだと思うと、どうも落ち着かず、不安で不安定な気持ちになる。それはつまり、仕事というのは単に生きていくために必要なだけではなくて、気後れすることなく胸を張り、品位をもってくらすのを支えてくれるものだったということなのだ。

哲学者《てつがくしゃ》 ギヨーム・ル・ブラン

『働くってどんなこと？ 人はなぜ仕事をするの？』(岩崎書店)

仕事が単にお金を稼ぐための手段だったら、仕事を退いて年金をもらって生活している人は毎日を心晴れやかに送れるはずです。しかし、多くの人――特に日本人――は、手持ち無沙汰《ぶさた》でどうにも落ち着かず、不安な気持ちになってしまいがちです。

働くことは務めを果たすことで、その対価としてお金を得られるというのはもちろん間違っていません。しかし、**働くことで得られるのはお金だけかというとそうではありません**。というのも、もしも働くことで得られるのがお金だけだったなら、一〇億円以上の資産を持っている人はもう仕事をしません。また、生活するのに十分な年金を支給されているにもかかわらず「体が続く限り仕事を続けたい」と考え、実際に働いている高齢者が存在するのはおかしいですね。こういう事例を見ると、どうやら働くことは「お金を稼ぐため」だけではないようです。働くことで得られるお金以外のこととは何なのでしょうか？　それはすでに説明したように**「やりがい」と呼ばれるものと関係しています**。

仕事のやりがいとは、仕事をしている最中あるいは仕事を終えた後の充足感、手応え、張り合いのような意味です。もう少し具体的な場面をイメージしてみて、どんな時に仕事でやりがいを感じられるのかを列挙してみます。

自分の能力を十分に発揮できた時、自分の労力に見合った成果が得られた時、仕事を通じて自分の成長を実感できた時、他者（お客様や働く仲間、取引先の人）との間につながりが生まれたり、つながりが強まったりした時、他者から肯定的な評価を得られた時、会社や社会に貢献できたと感じられた時などです。

ベルギー、ドイツ、イスラエル、日本、オランダ、アメリカの労働者を対象に実施した意識調査『ミーニング・オブ・ワーク・プロジェクト』があります（ジョシュア・ハルバースタム著『仕事と幸福、そして、人生について』ディスカヴァー・トゥエンティワン）。

これによれば、男性、女性の区別なくほぼ八〇パーセントの人が、働かなくても生きていけるだけのお金があったとしても、今の仕事を続けるだろうと答えています。そして、教育レベルが上がるほど、お金があっても働き続けると答える人の割合が大きくなるという結果が出ています。

自分の仕事のすべてが好きだという人はいないのと同様、自分の仕事のすべての面で四六時中やりがいを感じている人はいないでしょう。しかし、**自分の職業の何らかの点において少なからぬやりがいを感じている人がほとんど**だというのも事実なのです。

## 人は仕事によって社会的存在（人間）になれる

人は仕事を通して多くの人たちと出会い、協力し合い、あるいは競い合うことで社会的存在としての自分を見出していきます。労働は社会的な存在としての人間にとって、きわめて重要な絆をもたらす意味をもっているはずです。

経済学者　武田晴人《たけだはるひと》
『仕事と日本人』（ちくま新書）

「人間は社会的存在だ」と言われます。私たち人間は家族、学校、職場、地域社会などさまざまなグループに属し、他人と関わりながら生きる存在だということです。

人はなぜ働くのでしょうか？　ここまで私は「お金」「務《つと》め」「やりがい」という三つの理由を説明してきました。三つ目のやりがいは「人間は社会的存在である」ということと深い関係があります。

たとえば工場でパソコンの組み立て作業をしている人をイメージしてみましょう。作業の成果であるパソコンは他者（お客様）に向けられています。組み立て作業をするためには部品をいろんな会社から仕入れてくることになります。また、そういう作業は職場のいろんな人と協力して進めていく必要があります。仕事の指示を出したり出されたり、何かを教えたり教えられたり、打ち合わせをしたりする中でリアルな人間関係が生じ、広がり、深まっていきます。さらに、この職場で積み上げられてきた仕事の仕方を自分が覚え、それを改良してまた下の世代へと伝えていくという事実も忘れてはいけません。

このように私たちは、仕事を通じて好むと好まざるとを問わず、様々な他者と付き合うことになります。社会的存在であるとは、社会の中にひとりでポツンと佇《たたず》んでいるということではなくて、**社会の中で多種多様な他者と付き合っていることです**。消費者として振る舞っている時、趣味や遊びに興じている時、人は他者と十分に付き合うことはできません。その関係性は狭くて浅いのです。

また、**仕事を通じて、はじめて人間は自分の力とその限界に向き合えます**。消費者の自分、趣味や遊びを楽しむ自分だけをしていても「自分が何者であるのか」が分からないまま人生が終わってしまうのです。

# 仕事は人生を支える屋台骨である

職業はわたしたちの生活の背骨になる。背骨がなければ、人は生きていけない。仕事にたずさわることは、わたしたちを悪から遠ざける。くだらない妄想《もうそう》を抱くことを忘れさせる。そして、こころよい疲れと報酬まで与えてくれる。

哲学者 ニーチェ
『超訳 ニーチェの言葉』(ディスカヴァー・トゥエンティワン)

背骨は私たちの骨格の大黒柱です。そこから派生して、ものごとの中心軸《ちゅうしんじく》や主要部分、全体を支えるものを背骨と言います。つまり、仕事とは私たちの生活の中心軸や主要部分、全体を支えるものだと言えます。

私は、**人生の中で仕事は重要な部分を占《し》めている**と思います。その理由を量的な側面、質的な側面から考えてみましょう。

量的なことでいえば、一週間のうちの五日間は仕事が占めています。七分の五だから七〇%強を仕事に支配されていることになります。休日だって仕事に支障がないように活動を制限したり、時に仕事に役に立つような活動をすることだってあります。こう考えると、人生において仕事が占める割合は高いことが分かります。

では質的な面ではどうでしょうか？　仕事には責任が伴《ともな》います。どんな仕事であれ、その結果は他者からの評価を受けます。低い評価なら落ちこみつつも「次は頑張ろう」と思い、高い評価ならにんまりとしつつ「次もこの調子で頑張ろう」と思います。このような**他者からの評価によって次の仕事に立ち向かう活力が湧いてきます**。趣味や遊びでこの種のやりがいを得ることはそうそうできません。

世の中には「仕事にやりがいを求めるな！」と言う人もいます。しかし、どんな職業に従事している人であれ、お金を稼ぐためだけに嫌々仕事をしているのはごく一部の人で、大多数の人は少なからぬやりがいを感じながら——いつもではなくとも——仕事をしているのではないでしょうか。「仕事にやりがいを求めるな！」という台詞は、仕事にあまりにも多くのことを求めすぎ、心身共に疲れ切ってしまった人に向けた一時的な言葉がけだと私は思います。

先日『プリズン・ドクター』（おおたわ史絵《ふみえ》著、新潮新書）という本を読みました。プリズン・ドクターとは刑務所内の被収容者《ひしゅうようしゃ》を診察するお医者さんのことです。この本の中に面白いエピソードが紹介されていました。コロナ禍《か》で防御《ぼうぎょ》服が不足した時に被収容者たちがそれを作っていたのです。本人たちも何のために自分たちが防御服を作っているのかを分かっていましたので「自分が人の役に立てて嬉しい！」と張りきって作業をしていたそうです。**自分が人の役に立てる、自分が社会に貢献できると分かれば、どんな人でも嬉しいし、やる気が生まれ、頑張れる**んですね。

さて、どんな仕事に従事していようと、その仕事の中にやりがいを感じられるような工夫と努力をすべきだと私は思います。「まったく今の仕事にやりがいを感じない。仕事はお金を稼ぐ手段でしかない」――こういう心持ちで働き続けるのは健康によくありません。そして、何よりもいい仕事ができません。いい仕事ができないと、職場での身分が不安定になります。

みんなが将来、何らかの仕事に就いた後に「どうしてもその仕事にやりがいを感じられない」状態に陥《おちい》ったのならば、それはその仕事と自分が合っていないだけの話です。その職場で我慢することにエネルギーを使うのではなく、**少しでも自分に合った仕事を見つけることにエネルギーを使うべき**でしょう。

# 仕事は人生の一部にすぎない

……人生やキャリアとは、「人生における役割をいくつか選んで組み合わせることで自己概念《がいねん》を実現しようとする試みである」ととらえることができます。そこで選ぶ役割は、必要な時間やエネルギーがそれぞれ異なります。こうした人生の役割がすべて合わさって人生空間（life space）を満たしています。このさまざまな役割をうまく果たすことができ、本人が満足できる場合には、その人のキャリアは成功している、といえます。役割の組み合わせが満足感をもたらしてくれない場合は、役割を付け加える、減らす、あるいは力の入れ方や役割の内容を変える必要があるのかもしれません。

全米キャリア開発協会・元会長 **ボールズビー**

『キャリアカウンセラー養成講座　テキスト3　キャリアカウンセリングの理論』ジョアン・ハリス・ボールズビーのドナルド・E・スーパーの理論についての記述より（日本マンパワー）

仕事は人生の中で重要な要素だということをここまで説明してきました。ただし、そうは言っても**「仕事が人生のすべてである」というのは間違い**です。

171ページで私はキャリア形成という言葉を説明しました。「これから自分がどのような道を歩んでいきたいか」を考えて、そのために必要な知識や技能を身につけ、経験を積み重ねていく過程のことです。自分のキャリア形成を考える時、心理学者のドナルド・E・スーパーの理論は役に立ちます。彼は「自分の年齢や自分の置かれた状況に応じていくつかの役割を組み合わせて考えるのがいいよ」と言いました。役割とは①子ども、②学ぶ人、③働く人、④家事、育児、介護をする人、⑤配偶者、⑥親、⑦市民、⑧余暇《よか》を楽しむ人の八つです。

**人間は本来、様々な役割を果たしながら生きている存在です**。これは子どもだろうが、学生だろうが、大人だろうが関係ありません。もちろん学生の本分は学ぶことだし、大人の本分は働くことですが、そうはいっても、それだけをしていればいいというわけではありません。

まとめましょう。大人にとって働くこと（③）は大事なことではあるものの、それは大人が果たすべき役割の一部にすぎないこと、つまり働くことは人生の一部にすぎないことを忘れないようにしたいものです。

# 「働く理由」は人それぞれ

仕事がなんであるかは、ひとによって異なる。そのちがいは、そのひとがどんな人物で、どんな仕事に従事しているかに左右される。

哲学者 **ラース・スヴェンセン**

『働くことの哲学』（紀《き》伊《の》國《くに》屋《や》書店《しょてん》）

8章では「人はなぜ働くのか?」、すなわち「働く理由」について「私の考え」を述べてきました。「私の考え」と言うぐらいですから**「いろんな考え」がある**ということです。人によって違ってくるし、時代や国によっても違ってきます。

「私の考え」を参考にしながら、「私はなぜ働くのだろう?」ということを考えてみましょう。「働く理由」を見つめ直すことは「自分に合った仕事とは?」や「人生一〇〇年時代をどう生き抜くか?」を考える時の土台となるでしょう。

〔9章〕

# 生きるとは「自分で選ぶこと」

ゲームの攻略法と「人生の攻略法」には共通点があります。それは、目標を達成するためには戦略を立てて行動するということ、リスクを取らないと成果や成長は得られないということです。

他方、ゲームの攻略法と「人生の攻略法」には異なっている点があります。ゲームの攻略法には一般的な正解が存在します。効率的な方法や最適なルートが存在し、多くのプレイヤーが同じ方法やルートで目標を達成することができます。

一方、人生というゲームには一つの絶対的な正解はなくて、その人にとっての最適な選択肢があるだけです。言うまでもなく、人生は複雑であり、多種多様な要素が絡みあっています。また、その人に与えられた条件やその人が持っている価値観・能力・興味が異なっているので、ある人にとっての最適なキャリア選択が、他の人にとっては最適ではないことも多いです。

大事なのは、自分にとって最適な選択肢《せんたくし》を見つけ、自分の道を歩いて行くことです。どういう道を選ぼうとその先も自分の人生は続きます。人生は選択の連続ですから、しばらくするとまた別の選択を迫られることになります。自分らしく生きていくこと、面白い人生を送ること——そのための「はじめの一歩」が自分で自分の道を選ぶことです。

# 君は生まれてきただけですごい！

この世に生まれ入ったことこそ大いなる才能とする

舞踏家《ぶとうか》　麿赤兒《まろあかじ》

この言葉が意味するのは、**あなたがこの世に生まれてきたという事実、そしてあなたがいま地球上にこうして存在しているという事実はものすごいこと**で、それは素晴らしい才能の現れだということです。

私たちはついつい「勉強ができるからすごい」とか「スポーツが得意だからすごい」という論理だけに囚《とら》われてしまいます。しかし「……ができるからすごい」（能力に価値を置く考え方）というのは「今のこの世に存在しているからすごい」（存在に価値を置く考え方）に比べればちっぽけなことだと思いませんか。

## みんな自分の使命を持っている！

神様から「お前もなんかせい」と言われて人は生まれてきてるんやと思う。だから、自分を信じるべきやと僕は思ってます。焦《あせ》らんでいいんです。種をまいて、花が咲くのを待つ。もちろん、種もまかんのに花は咲かんし、水やりもちゃんと必要になりますよ。でも、大事なことは上を目指そうという気持ちを常に持ち続けること。いつも向上しようとしている人は、誰から見ても素敵なものなんです。

落語家　笑福亭鶴瓶《しょうふくていつるべ》
『プロ論。』（徳間書店）

「この世に生まれてきたい」と願って、この世に生まれてきた人はいません。「気がついたらこの世に自分は存在していた」というのが普通の感覚でしょう。でも、せっかくこの世に生まれてきたのだから「ああ生まれてきて良かった！」と思えるような人生を送りたいと誰もが思うのではないでしょうか。

前ページで述べたように、あなたがこの世に生まれてきたということ、そしていまこの地球上に存在していること自体がすごいことです。そういう奇跡《きせき》みたいなことが起きて自分がここにいるのだから、そういうチャンスを有効に利用しない手はありません。そういうふうに考えてみると、神様から「お前もなんかせい！」と言われて、この世に送り込まれてきたようにも思えます。

さて、ここで注意したいのは神様があなたに「お前はこれをせい！」と言っているわけではないってことです。あくまでも神様は「お前もなんかせい！」と言っているのです。つまり「あなたはこういう仕事をしなさい」とか「あなたはこう生きなさい」というような具体的な指示はないということです。ということは、**自分の仕事や自分の人生については自分で考える必要がある**ということです。

現代に生きている私たちはかなりの程度、自分の生き方を選ぶことができます。自分で自分の結婚相手を選ぶことができます。自分で自分の職業を選ぶことができます。本を読んだり、両親や先生に相談したり、憧れの人の生き方を真似たりしながら、「自分はどう生きようか」を考えてみましょう。

## 親が決める進路と自分が決める進路

仮に親の顔色をうかがって就職し、安定を選ぶとしようか。が、それが青年自身の人生なんだろうか。〝俺は生きた！〟といえる人生になるだろうか。そうじゃないだろう。親の人生をなぞるだけになってしまう。そんな人生に責任を持てるだろうか。若者自身の本当の生きた人生には決してならない。自分自身の生きるスジはだれにも渡してはならないんだ。この気持ちを貫《つらぬ》くべきだと思う。

芸術家 岡本太郎《おかもとたろう》

『自分の中に毒を持て　あなたは〝常識人間〟を捨てられるか』(青春文庫)

大半の親はあなたの将来を心配していろいろと助言をしてくれるでしょう。親の考えと自分の考えが一致《いっち》する時もあれば、一致しない時もあるでしょう。後者の場合、親との関係を悪化させたくないので、**自分の考え方を飲みこんでしまうのは良いことではありません**。それは「自分の生きるスジ」を親に預けてしまうことになるからです。「自分の生きるスジ」は他人には渡さないのが大原則です。親と自分の考え方が違う時は

「言っていることは分かるけど、私はこうしたいんだ。どうしてかって言うと……」というように会話を進めてみましょう。

自分の進む道は自分で決めるべきだというのは、自分の人生に責任を持てるのは自分だけだからです。自分の意に沿わないのにもかかわらず、安易《あんい》に親のアドバイスに従ってしまうと、後々の人生で困難な状況に陥《おちい》った時に「なんであんなアドバイスをしたんだよ！」とあなたは親を恨《うら》むことになります。

**仕事や会社を選ぶという決断は人生で一回きりではありません**。何度も何度もそういう機会が巡《めぐ》ってきます。そのたびに親に決めてもらうわけにはいきません。親や先生などのアドバイスは参考にしながらも、結局のところは自分でよく考えて選ぶしかありません。親や先生があなたの人生をつくるわけではありません。**あなたがあなたの人生をつくる**のです。

# 「他人の道」ではなく「自分の道」を歩こう

自分の道を迷いながら歩いている子供や若者の方が、自分のものでない道を迷わずに歩いている子供や若者よりも、私には好ましい。

作家　ゲーテ

『ヴィルヘルム・マイスターの修業時代（下）』山崎章甫《やまさきしょうほ》・訳（岩波文庫）

ゲーテは「自分の道を歩いている人」と「自分のものでない道を歩いている人」を対比的に表現しています。「自分の道を歩いている人」とは、自分の進路を自分で決めた人です。「自分のものでない道を歩いている人」とは、自分の進路を他人に決めてもらったり、「みんなと同じでいいや」というような考えで自分の進路を決めた人です。

「自分の道を歩いている人」は二種類に分かれます。一つは迷うことなくまっすぐに歩いている人、もう一つは**迷いながら歩いている人**です。両者を比べた時、前者の方が好ましく、後者の方が好ましくないというのは必ずしも正しくありません。私はむしろ後者の方が好ましいとさえ思います。

ここで思い出すのは「道に迷うことは道を知ることだ」という格言です。私たちはついつい道に迷うことは避けるべきことだと思ってしまいます。確かに、時間的な無駄をできるだけ省こうとするのは大事なことです。ただ、**人間は効率という価値観だけで生きているわけではありません**。

目的地に向かってまっすぐに走っていれば、余計なものが自分にくっついてきません。逆に、道に迷いながらうろうろ歩いていると、いろんなものが自分にまとわりついてきます。予期しなかった経験をしたり、思いがけない人との出会いがあったりします。そういうことのすべてが自分の財産になり、その分だけあなたは器の大きな人間になれます。

長期的な視点で見ると、脇目《わきめ》も振《ふ》らずまっすぐに走る人よりも、道に迷いながらぼちぼち歩く人の方がたくましさにあふれ、生きていく智恵《ちえ》が身についているように思います。**困難に遭遇《そうぐう》した時、前者はボキッと折れやすいのに対して、後者は弾力性があって折れにくい**のです。

## 「普通に生きる」と「自分らしく生きる」

「普通」という言葉には、平凡《へいぼん》で皆と同じが良いことなんだとか、「普通」に生きることが幸せに違いない、という偏《かたよ》った価値観がベッタリとくっついています。つまり、「普通」になれば「普通」に幸せになれると思い込んでいるわけです。しかし、幸せというものには、「普通」はない。なぜなら、「普通」ではないのが、幸せの本質だからです。

精神科医　泉谷閑示《いずみやかんじ》
『「普通がいい」という病』（講談社現代新書）

ここでは「普通に生きる」ということを「みんなと同じように生きる」という意味で使います。「普通に生きる」ことの反対は「自分らしく生きる」ことです。「普通に生きる」ことを「舗装《ほそう》された大通り」を進むこと、「自分らしく生きる」ことを「丈《たけ》の短い木が茂《しげ》っているブッシュ」を進むことに喩《たと》えてみましょう。

前者は不自由で窮屈《きゅうくつ》な道です。なぜならば、人間一人ひとりはみんな違っているのに、画一的な生き方を強いられるからです。自分の考えではなくて、その時の社会の常識になんとなく従うという意味で不自由です。後者の場合は、道なき道を進むしかなくて、「僕の後ろに道ができる」だけです。「その道が正しいのか？」と誰かに聞かれても答えようがありません。「正しい道って何？」と聞き返すしかありません。**自分以外の何かに従うのではなく、「自分で感じ、自分で考えて、進む」という意味で自由**です。これが自分らしく生きることです。

こう説明してくると、自分らしく生きるのはリスク（危険や問題が発生する可能性）が大きい、普通に生きるのがやっぱり安全・安心な生き方ではないかという反論が出てきます。普通に生きるのは本当に安全・安心なのでしょうか。そういう時代は終わったと私は思います。逆にリスクが高いのではないでしょうか。

百歩譲《ゆず》って**普通に生きるのが安全・安心な生き方だとしてもそれが自分にとって幸福な人生と言えるでしょうか**。「普通でいいや」というのは「みんなと同じでいいや」ということです。この考え方には〝自分〟がありません。自分がないのだから「自分の幸せ」を感じられません。実は**幸せの形は一人ひとり違っている**のです。

## 「自分らしく」というフレーズはくせもの

自分に忠実に生きたいなんて考えるのは、むしろいけない。そんな生き方は安易で、甘えがある。ほんとうに生きていくためには自分自身と闘《たたか》わなくてはだめだ。

自分らしくある必要はない。むしろ〝人間らしく〟生きる道を考えてほしい。〝忠実〟という言葉の意味を考えたことがあるだろうか。忠実の〝忠〟とは〈まめやか、まごころを尽《つ》くす〉ということだ。自分に対してまごころを尽くすというのは、自分にきびしく、残酷に挑《いど》むことだ。

芸術家　岡本太郎《おかもとたろう》

『自分の中に毒を持て　あなたは〝常識人間〟を捨てられるか』（青春文庫）

ここまで私は「普通に生きよう」と考えるよりも「自分らしく生きよう」と考える方が望ましいというメッセージを書いてきました。確かに今の時代、「自分らしく生きる」というメッセージに否定的なニュアンスはありません。ただし、**「自分らしく」という言葉はくせもの**なので取り扱いに注意が必要です。注意点は二つです。

一つ目の注意点は「自分らしく」は自分を甘やかす時に使えるマジックワードにもなり得ることです。一日中スマホをいじっている自分、誰に対しても挨拶をしない自分、努力を放棄《ほうき》した自分、いつも不機嫌な自分――こういう姿を見た他人から注意を受けた時に「これが私らしさだから――」と開き直るのは間違っています。

二つ目の注意点は、**自分らしく生きるためには努力が必要**だということです。「自分らしく生きよう！」と決断するのは簡単です。しかし、そう決断したからといって、すぐに「自分らしく生きられる」わけではありません。「自分らしく生きる」には目標を定め、それに向けて基礎的な訓練を続けていく必要があります。

「自分らしい人生を送るにはどうしたらいいのか」というテーマはあまりにも漠然《ばくぜん》としているので、サッカーの試合で「自分らしいプレーをするにはどうしたらいいか」について考えてみましょう。

当然のことながら、初心者がいきなりフィールドに出て、自分らしさを発揮できるはずはありません。そうしたければ、奇抜《きばつ》な髪型や服装をしたり、ラフプレーをしたりして目立つしかありません。しかし、そんな「自分らしさ」を求めている人はいないでしょう。もしも、自分らしいプレーをしたいのなら、走力や持久力、体幹力を高めた上で、トラップやドリブル、パス、シュートといった基礎的な技術を身につけることが必要です。ピッチ上で自分らしいプレーができるのはその後の話です。

要するに土台づくりがどうしても必要ってことです。土台づくりは単調で苦しいものです。その方法に多様性はなくて画一的です。そこに「自分らしさ」の余地はありません。**「自分らしさ」に到達《とうたつ》するには「自分らしさ」の少ない単調な基礎訓練を経由する必要がある**のです。

「自分らしさ」について考えを深める際に「〝型破《かたやぶ》り〟と〝形無《かたな》し〟」という言葉の関係性を知るのは有益です。〝型破り〟な生き方をしたければ、まずはしっかりと型を身につけなければなりません。型を身につけた上でさらに精進を続けた時に、型に収まらなくなる状況、すなわち型が破られる時が来ます。そこまでは辛抱《しんぼう》です。型を身につけずに型破りな生き方をしようとしても、しょせんは〝形無し〟で終わります。

「模倣《もほう》と独創」の関係について考えるのも役立ちます。模倣とは他人のマネをすること、独創とは独自のものを創り出すことです。ただし、独創とはマネしないことではありません。独創とは模倣を繰り返したあげくにやっとのことで「自分なりのもの」が出て来ることにすぎません。**模倣を経由しない限り、独創には辿《たど》り着けない**ということです。

## 「どう生きるか」は自分で決められる

神よ、変えることのできるものについて、それを変えるだけの勇気《カレイジ》をわれらに与えたまえ。

変えることのできないものについては、それを受けいれるだけの冷静さ《セレニティ》を与えたまえ。

そして、変えることのできるものと、変えることのできないものとを、識別する知恵《ウィズダム》を与えたまえ。

神学者 ラインホールド・ニーバー

『終末論的考察』(大木英夫著・中央公論社)

世の中には「自分では変えられないこと」と「自分で変えられること」があります。前者は「自分で選べないこと」、後者は「自分で選べること」と言い換えられます。

「自分で選べないこと」を列挙してみましょう。生まれてくる時代と国・地域、それに付随《ふずい》して身についた母国語や文化、先天的な資質(身体的な特徴、生まれ持った知能、音楽や美術などの特殊な才能、運動能力などの遺伝的な特徴)、両親などです。これらすべては、自分がそれを「良かれ！」と思って選んだわけではありません。何ものかによって偶然に与えられたものです。これについて「……ではなくて、……だったら良かったのになあ」というように嘆《なげ》いてみても仕方がありません。ただただ受けいれるしかないのです。

その上で考えてみましょう。これらの**「自分で選べないこと」が自分の人生全体を支配しているのでしょうか？** そうではありませんね。「どう生きるか」は「選べること」と「選べないこと」の二つで構成されています。人生は選択の連続であり、無数の選択の積み重ねが自分の人生の軌跡《きせき》を決めていきます。現代に生きる私たちはかなりの程度**「どう生きるか」は自分で選ぶことができます**。

「人はなんのために生きるのか？」という問いがあります。この問いに対する正解（唯《ゆい》一《いつ》の正しい答え）はありません。その解は一人ひとりが自分自身に与えるもので、私たち一人ひとりがその答えを自分自身で追求していくしかありません。私たちが求めるべきことは普遍的な正解ではなく自分にとっての最適解（いくつかの選択肢の中でもっとも良い答え）です。つまり自分に問うべきことは「人はなんのために生きるのか」ではなく**「私はどのように生きていくか」**なのです。

## 自分の選択や運命を全面的に肯定しよう

いいことを教えてやろう。人生には無数の選択肢がある。だが、正しい選択肢など一つもない。選んだあとで、それを正しいものにしていくんだ

マンガ『紅《くれない》 kure-nai』(片山憲太郎《かたやまけんたろう》原作・山本ヤマト漫画・集英社)

ここでは、何かを選んだ後の心構えについて考えます。たとえば、A高校に行こうかB高校に行こうかを迷った末にB高校を選んだというケースをイメージしてみましょう。この時に大事なのは自分が選んだ道を全面的に肯定することです。ありがちなのは、B高校で学生生活を送っているのに「心ここにあらず」という状態で、「もしもA高校を選んだら自分はどうなっていただろう。もっと幸せな毎日を送っていたのではないか。ああ自分の選択は間違っていたかも……」なんてウダウダ考えてしまうことです。

自分がどっちかを選んだのではなく、必然的に選ばされた場合(=運命)でも同じです。たとえば、A高校に行きたかったのだけど合格できなくてB高校へ行くことになったというケースです。この場合もやはり「A高校に行っていたらもっとハッピーな高校生活

を送れたのではないか。ああ失敗した……もうダメだ」というように考えてしまうことです。

どちらの場合であっても、今の自分の境遇《きょうぐう》を嘆き、別の状況を想像しています。しかし、私たちに与えられているのは「今、ここで、私がこうして生きている」という人生だけであって、そうではない別の人生は妄想《もうそう》でしかないのです。現実を嘆いて妄想に耽《ふけ》るのは時間の無駄です。大事なのは**自分がいま歩いている道を全面的に肯定する**ことです。

そのためには、今のこの現実に目を向けて「悪いところ探し」ではなくて**「良いところ探し」をする**ことです。そして今のこの瞬間をすばらしいと確信すること、そして自分の目標に向かって努力をすることです。「この友達に会えて本当によかった」「こういうことが経験できて本当に幸せだ」というように思えたならば、自分の選択や運命は全面的に正しかったのです。

# ハチャメチャに面白く生きよう

少しくらいハチャメチャで一貫性《いっかんせい》がなくてもいいから、ときには周りに迷惑をかけてもいいから、面白く生きたほうがいいですよ。いつも他人に迷惑をかけないことばかりを気にかけている大人は、自分の生の可能性を奪われたままに生きているのに、それに気づいていません。

教育者、作家 鳥羽和久《とばかずひさ》
『君は君の人生の主役になれ』(ちくまプリマー新書)

私たちはいろんな常識に縛《しば》られて生きています。そういう**常識を一つ一つ疑ってみること**――「本当にそうなのか?」を考えてみることが大事です。

一つ目。周りに迷惑をかけてはいけないという常識、これは本当でしょうか? 人間はお互いに迷惑をかけながら生きています。気がついていないだけであなたは日々、他人に迷惑をかけています。インドでは「あなたも他人に迷惑をかけているのだから、他人が迷惑をかけてもその人のことも許してあげなさい」と教えるそうです。

二つ目。一貫性のある生き方が素晴らしいという常識、これは本当でしょうか? 一貫性がない生き方には遊びがあるというか、幅があるというか、柔軟性があるというか、臨機応変さがあるというか――そういう人生の方が面白いのではないでしょうか。

三つ目。わがままはいけないという常識、これは本当でしょうか？　わがままには、自己中心的で他人のことを考えないというネガティブな意味があります。しかし、わがままは「我が意のまま」ということで要するに「自分の思い通りにする」という意味でもあります。自分の生き方についてはわがままを貫くべきではないでしょうか。

**面白く生きるコツは「自分で感じ、自分で考えて、行動する」こと**です。常識にがんじがらめになっていたり、誰かの操り人形みたいになっていたりでは面白くないのです。

人生とは自分自身が主役を演ずるドラマです。もちろん脚本を書くのは自分です。普通のドラマと違って結末は決まっていません。どういうドラマを書くかはあなた次第です。ハッピーの連続ではドラマとして成立しません。壁にぶつかり、落ち込んで、そこから這《は》い上がっていくドラマだから面白いのです。

#「才能があるのかないのか」で悩むのはナンセンス

才能があるかどうかといった評価は、あとの結果に対して人が下すもので、始める前から自分で決め付けるようなものではない。やると決めたら、断固としてやってみることが大切なのだ。でなければ、不平不満の生活に甘んじるだけである。

英語学者 渡部昇一《わたなべしょういち》
『人生の手引き書』(扶桑社新書)

「なんとなくやりたいこと」が浮かんだとしても、なかなか「はじめの一歩」を踏み出せない人がいます。ありがちなのが「自分にそういう才能があるかどうか分からない」という理由です。

十数年前、某《ぼう》出版社のクリスマスパーティで有名なデザイナーに聞いたことがあります。「デザイナーとして成功するにはやっぱり才能が必要ですよね」と。その答えは「一六〇キロの球を投げるには並外れた才能が必要だけど、一四〇キロの球なら適性とトレーニングでなんとかなるよ」でした。

「自分に才能があるのか、才能がないのか」で躊躇《ちゅうちょ》している人はどうしたらいいのでしょうか？　「自分にはたいした才能はない」と考えるのが合理的な判断です。なぜならば、才能にあふれた人は、何十万人に一人、何百万人に一人しかいません。だから、確率論的に言って「あなたには才能がない」と考えられます。しかし、**才能がないからといって適性がないとは言えません**。適性さえあれば、あとは努力と訓練でどうにかなるものです。一六〇キロの球は投げられなくても、一四〇キロの球を投げられる可能性はあります。これはどんな仕事でも言えることです。

ただし、自分に適性がありそうだと思ってもまだ「はじめの一歩」を踏み出せない人がいます。お金が足りないとか、両親が反対しているとか、自分を取り巻く環境の壁を探し出す人です。頭のいい人ほど一歩を踏み出せない傾向《けいこう》にあります。なぜならば頭のいい人は理由を探すのが上手だからです。**「できない理由」を探す時間があるのなら「やれることから着手しよう」**がアドバイスです。

## 負けや失敗は試練の機会である

〝負け〟は弱さの証明ですか？　君達にとって〝負け〟は試練なんじゃないですか？　地に這いつくばった後、また立って歩けるのかという。君達がそこに這いつくばったままならば、それこそが弱さの証明です

マンガ『ハイキュー!!』(古舘春一《ふるだてはるいち》・集英社)

誰でも負けたくない。逆に言うと誰でも勝ちたい。ここで押さえておきたいのは試合に出場したから負けたってことです。試合に出場しなかったら負けなかった。試合に出場したことはすごいこと――なので自分を褒《ほ》めてあげましょう。

負けを失敗に置き換《か》えても同じです。誰でも失敗したくない、誰でも成功したい。だけど、何かにチャレンジしたから失敗したのです。**チャレンジしなかったら失敗なんてしませんね**。だから、チャレンジした自分を褒めてあげましょう。

次に、相手よりも弱かったから試合に負けた――これは事実です。ただ、負け試合を単なる負け試合ととらえるか、次なる飛躍《ひやく》に必要な「試練の場」ととらえるかは雲泥《うんでい》の差です。

負け試合としてとらえて這いつくばったままでいることは自分の心の弱さを証明したことになります。試合に負けたのだから自分は相手よりも弱かった、そして試合後に這いつくばったままでいるから自分の心も弱かった——そういう二重の意味で自分の弱さを証明したことになります。

一方、負け試合を「試練の場」としてとらえ、立ち上がって歩き始めることはどういう意味を持つのでしょうか。負け試合は自分が変わるチャンスを与えてくれます。だから、自分の前に立ちはだかった壁を、自分がもう一段成長するための階段なんだと考えたらどうでしょうか。このポジティブさとアグレッシブさは心の強さの証明です。**相手との勝負には負けたけど自分との勝負には勝った**のです。

まとめましょう。負けや失敗の体験をどうとらえるか。そのとらえ方によってその後の生き方は違ってきます。**負けや失敗は試練の場であり、成長の機会を与えてくれた**のだと考えましょう。

# 最初の二〇年間は貴重な時間

どれだけ長く生きようとも、最初の二〇年間が人生の中で最も長く感じられる。過ぎゆく間にもそう感じるし、振り返ってみてもそのように思われる。そして、その二〇年間はその後に続くすべての年月よりも記憶の中で大きなスペースを占《し》める。

詩人 ロバート・サウジー（著者訳読）

自分の人生が一〇〇年だと仮定するとこの世に誕生してから二〇歳までは人生の五分の一にすぎません。しかし、それは半分以上の価値を持っています。つまり、二〇歳までの時間、すなわち若い頃の時間は非常に大切だということです。なぜならば、若い頃に学んだこと、体験したことがその後の人生に大きな影響を与えるからです。

また若い頃は時間の経過が遅く感じます。つまり、時間がなかなか過ぎない感じというか、時間がのろのろと進むという感じがするのです。自分の心身が日々成長していくし、新しい体験をすることも多くて毎日が新しい発見の連続だからです。それに比べると、二〇歳以降の人生は驚くほど速く過ぎていきます。

１８０ページで私は、意思を持つことは創造的な活動をするための出発点だと書きました。この中の意思を持つことにフォーカスして本書を締《し》めたいと思います。

「意思」と似た言葉として「願望」という言葉があります。この二つの言葉を比べてみましょう。「願望」は自分で左右できないことに向けられた欲望であり、「意思」は自分で左右できることに向けられた欲望です。また、「願望」は自分の知らないことに向けられた欲望であり、「意思」は自分の知っていることに向けられた欲望です。「願望」とは知らないこと、できそうもないことに対して欲望することなので、具体的な努力や行動には結びつきません。一方、**意思とは知っていること、できそうなことに対して欲望することなので、具体的な努力や行動と結びつきます**。

**意思と努力によって未来は変えられる**――この言葉には、単なる願望ではなく意思を持とうという意味と、意思を具体的な形にするために努力をすること、行動することの重要性という意味が隠れています。最後に皆さんの人生に幸あれ！　健闘《けんとう》を祈ります！

## ■参考文献

本書をまとめるにあたり、本文中で取り上げた書籍の他に以下の書籍やレポートを参考にしました。


・アンドレ・コント＝スポンヴィル『ささやかながら、徳について』（紀伊國屋書店）
・池田朋弘『ChatGPT 最強の仕事術』（フォレスト出版）
・石川輝吉『ニーチェはこう考えた』（ちくまプリマー新書）
・榎本博明『自己実現という罠』（平凡社新書）
・榎本博明『〈自分らしさ〉って何だろう?』（ちくまプリマー新書）
・隠岐さや香『文系と理系はなぜ分かれたのか』（星海社新書）
・奥村歩監修『スマホマインドの育てかた』（保育社）
・國分功一郎『はじめてのスピノザ―自由へのエチカ』（講談社現代新書）
・小浜逸郎『人はなぜ働かなくてはならないのか』（洋泉社）
・児美川孝一郎『キャリア教育のウソ』（ちくまプリマー新書）
・齋藤孝『10歳の選択―自分で決めるための20のヒント』（幻冬舎）
・髙橋英彦監修『ヒトの脳はこんなにすごい！　スマホ脳と運動脳』（ニュートンプレス）
・千葉雅也『勉強の哲学―来たるべきバカのために』（文春文庫）
・戸田智弘『ことわざで働き方を考えよう』（TOブックス）
・戸田智弘『就活の手帳』（あさ出版）
・戸田智弘『新！　働く理由』（ディスカヴァー・トゥエンティワン）
・戸田智弘『学び続ける理由―99の金言と考えるベンガク論』（ディスカヴァー・トゥエンティワン）
・広田照幸『学校はなぜ退屈でなぜ大切なのか』（ちくまプリマー新書）
・武藤久美子「生成ＡＩによる仕事と働き方への影響の現状と未来」（リクルートワークス研究所）

著者紹介

戸田智弘（とだ・ともひろ）

ライター。1960年愛知県生まれ。北海道大学工学部応用化学科を卒業後、非鉄金属メーカーに就職する。材料系の研究職に就いたものの将来展望が描けずに3年で退職、法政大学社会学部社会学科3年次に編入学する。卒業後はコミュニティビジネス組織で様々な経験を積みながら、自分の適職について考える日々を過ごす。30代前半で出版業界に入り、徐々に兼業ライターの道を歩み始める。著書に『学び続ける理由』『新！　働く理由』『ものの見方が変わる　座右の寓話』（以上ディスカヴァー・トゥエンティワン）、『まほうの寓話』（幻冬舎）、『自分を変える読書』（三笠書房）など。50代半ばで放送大学大学院修士課程に入学、61歳で文化科学専攻修士課程修了。今も独学で哲学や心理学を学びつつ、執筆作業に励んでいる。

※本書の引用部分においては、原文を現代語訳したもの、旧字体や文語体を修正したものがあります。

カバーモチーフ：iStock.com/Bieliola

15歳の人生攻略本
大人になる前に知っておきたい80の名言

2025年1月30日　第1刷発行

著者　戸田智弘
発行人　見城徹
編集人　中村晃一
編集者　相馬裕子　渋沢瑶　岩堀悠　金本麻友子
発行所　株式会社 幻冬舎
〒151-0051 東京都渋谷区千駄ヶ谷4-9-7
電話　03（5411）6215［編集］
03（5411）6222［営業］
印刷・製本所　TOPPANクロレ株式会社


Printed in Japan　ISBN 978-4-344-79221-0　C0095
ホームページアドレス　https://www.gentosha-edu.co.jp/
この本に関するご意見・ご感想は、下記アンケートフォームからお寄せください。
https://www.gentosha.co.jp/e/edu/